내 생애 가장 젊은 날 "오늘이 기회다"

_____ 님께

오늘이
기회다

오늘이 기회다

초판 인쇄 2016년 6월 30일
초판 발행 2016년 7월 5일

지은이 김철회
펴낸이 김광열
펴낸곳 (주)스타리치북스

출판책임 이혜숙
책임편집 한수지
출판진행 안미성
편집교정 최향금
일러스트 오금택
경영지원 공잔듸 · 권다혜 · 김문숙 · 김지혜 · 김진영 · 김충모
문성연 · 박지희 · 신자은 · 유다윤 · 이광수 · 이지혜
정은희 · 정종국 · 한정록 · 황경옥 · 허태연

등록 213년 6월 12일 제2013-000172호
주소 서울시 강남구 강남대로62길 3 한진빌딩 3~8층
전화 02-2051-8477

스타리치북스 페이스북 www.facebook.com/starrichbooks
스타리치북스 블로그 blog.naver.com/books_han
스타리치 잉글리시 www.starrichenglish.co.kr
스타리치몰 www.starrichmall.co.kr
홈페이지 www.starrich.co.kr
스타리치 기업가정신 www.ceospirit.co.kr

값 16,000원
ISBN 979-11-85982-25-0 13190

오늘이 기회다

김철회 지음

차례

프롤로그 8

1부 ― 열정적으로 도전하기

남과 경쟁하지 말고 자기 자신과 경쟁하라	14
절대 포기하지 마라	18
비상식이 성공의 씨앗이다	21
결핍의 이면에 숨어 있는 성장 에너지	24
열심히 일했으니 좀 쉬어줘야 해!	29
정확한 인생설계를 해야 성공의 기회가 찾아온다	32
좋은 습관이 성공의 힘이다	34
뛰면 살고, 서 있으면 망하고, 누우면 죽는다	39
말한 대로 이루어진다	42
사람을 제대로 보는 눈을 가지자	47
인생은 끝을 봐야 알 수 있다	51
기회가 없다면 기회를 만들자	55
내일부터 회사에 그만 나오라고?	60
오늘의 안정보다 내일의 비전을 보라	63
작심삼일, 허풍으로 깨자	67

작은 일에도 최선을 다하자	70
다 잘하는 천재와 한 가지만 잘하는 둔재	73
눈 가리고 아웅 하지 마라	77
오늘의 시간은 오늘 다 사용하자	80
버려야 산다	84
돈과 계급으로 병드는 빗장사회	88
흙수저를 금도금이라도 하자	92
감사하는 마음은 자신에게 주는 선물이다	95

2부 — 위기를 기회로 만들기

위기를 기회로 만드는 힘	100
적당한 빚은 삶의 에너지다	103
고난과 불행이 성공의 힘이다	107
생각의 차이가 인생을 바꾼다	112
한 우물만 깊게 파자	115
불가능한 생각이 만든 성공	118
성공은 끈기다	121
될 때까지 끝까지	125
말이 힘이다	128

오늘이 제일 중요하다 — 131

실패한 다음이 중요하다 — 134

인생은 타이밍이다 — 137

실패는 성공의 또 다른 시작이다 — 142

마음을 내려놓고 살자 — 146

한결같은 마음으로 지켜주는 사람들 — 150

메모하는 자가 이긴다. — 153

마음가짐이 중요하다 — 156

리스크 없는 성공은 꿈꾸지 마라 — 159

오늘 할 일을 내일로 미루지 마라 — 162

지루하고 반복적인 일을 잘하는 자가 성공한다 — 166

필연적 실패가 만든 우연한 성공 — 170

늘 걱정되는 내 인생 — 174

3부 — 리더로 성공하기

나누지 않는 성공은 실패다 — 180

비판과 질책은 성공의 열쇠다 — 184

목적을 실현시켜주는 리더의 역할 — 188

보완재 같은 사람이 되자 — 191

공든 탑은 한순간에 무너진다 — 195
리더가 변해야 조직이 살고 세상이 바뀐다 — 198
한 만큼 되돌아오는 게 인생이다 — 202
회사의 진짜 주인을 찾아라 — 206
고객 만족도보다 직원 만족도를 높여라 — 209
사람이 최고의 재산이다 — 213
오늘의 매출에 만족하지 마라 — 216
100명이 하나 되는 힘 — 219
싸우지 않고 이기는 방법 — 222
알렉산더 대왕의 솔선수범 리더십 — 225
리더는 스스로 행동한다 — 229
마음을 얻는 방법 — 232
인재와 신뢰는 성공의 초석 — 234
머리가 아닌 가슴으로 품는 리더들 — 237
인사가 만사다 — 241
앞에서는 대범하게 뒤에서는 예민하게 — 244
한 번 믿으면 끝까지 믿자 — 248
창업보다 수성이 어렵다 — 251
어설픈 성공은 빨리 잊어라 — 254

에필로그 257

프롤로그

　4년 전부터 나는 매일 새벽 5~6시쯤 눈을 뜨면 오늘 하루는 또 어떻게 보내야 하나 생각을 정리하며 글을 쓰는 걸로 하루를 시작한다. 때로는 전날 있었던 일을 반성하는 일기처럼, 때로는 주변 사람들에게 용기를 주는 메시지를, 때로는 흔들림 없이 전진하기 위한 다짐의 글을 쓴다.
　전날 저녁에 술이라도 한잔한 날이면 다음날 아침 글을 쓰는 게 여간 고역이 아니다. 지인들은 나더러 힘들면 한 번 정도 쉬어가라고 한다. 하지만 멈출 수가 없다. 한 번 쉬었다 다시 하는 게 꺼진 불을 다시 지피는 것보다 더 힘들다는 사실을 잘 알고 있기 때문이다.
　사실 글을 쓰는 행위는 나와의 싸움이다. 예전에 나는 저녁형 인간이었다. 낮에도 일하고 밤에도 일하고 쉴 새 없이 일했다. 그런데도 성공은 손에 잡힐 듯 잡힐 듯하다가도 이만큼 다가서면 저만큼 달아나곤 했다.
　억울하기도 하고 궁금하기도 해서, 성공한 사람들의 책을 읽고 그들의 이야기를 들으며 대체 어떻게 사는지 살펴봤더니, 나와 다른 그들만의 공통점이 하나 있었다. 다들 아침형 인간이었다. 저녁형 삶은 그들에게는 어쩌다 있는 삶의 옵션일 뿐이었다.

그 사실을 안 후 나도 아침 일찍 일어나려고 노력했지만, 수십 년간 몸에 밴 저녁형 인간의 삶은 생각보다 중독성이 강했다. 아무리 굳게 마음을 먹어도 작심삼일이었다. 주변 사람들의 도움이 절실했다. 그래서 직원들과 지인들에게 엄청난 약속을 했다. 매일 아침 미팅을 하고 매일 아침 편지를 보내기로 한 것이다.

쓰기 싫다는 생각에 꾀가 생기는 날도 있었고 건너뛰는 날도 있었다. 그때마다 '내가 왜 이렇게 스트레스를 받고 매일 글을 쓰기 위해 애쓰는 거지'라는 회의감이 생기면서 목표가 한순간에 사라진 적도 있었다.

하지만 다른 사람과 약속을 했으면 반드시 지켜야 한다는 '약속의 힘'이 나를 흔들리지 않게 붙잡아주었다. 그 덕분에 새벽을 여는 아침형 인간으로 바뀔 수 있었다. 마침내 극복한 것이다. 내가 이겨낸 것이다!

예전에는 새벽에 일어나는 게 얼마나 행복한지 몰랐다. 내가 좋아하는 일을 해서 행복했고, 돈을 많이 벌기 위해 노력해서 행복했고, 원하는 걸 이룰 수 있어서 행복했지만 이제는 새벽에 일어날 수 있는 건강한 내 육체와 정신이 너무나 고맙고 행복하다.

그 건강한 육체와 정신이 사라질까 봐 매일 아침마다 열심히 글을 쓴다.

　사실 매일 아침마다 '무슨 생각을 글로 정리할까? 오늘은 어떤 주제로 글을 쓸까? 대충 적당히 써도 되지 않을까?' 하면서 마음속에서 갈등이 꼬리의 꼬리를 물었다. 하지만 적당히 살기에는 대충 살기에는 내게 주어진 삶이 너무 짧고 아깝다는 생각이, 그렇다고 평생 일만 하고 돈만 벌고 살기에는 시간이 더 부족하다는 생각이 들었다.

　딱 한 번뿐인 소중한 내 인생 1막에 서서 멋지게 정리하고, 인생 2막을 제대로 살고 싶었다. 인생 1막도 이렇게 짧은데 2막에서 사람들이랑 싸우고 쓸데없이 얽히는 건 생각만 해도 끔찍하다. 2막은 최대한 가치 있게 살기 위해, 두 번 다시 오지 않을 오늘이 나에게는 기회란 생각이 들어 '오늘이 기회다'라는 제목을 붙이고 매일 글을 써나갔다.

　사람들과 만나서 다투고 언짢아하고 서로 잘잘못을 따지며 책임을 추궁할 시간이 없다. 어떻게 해야 내 업을 사랑하고, 나와 공존하는 직원과 가족, 그리고 지인들과 죽을 때까지 함께하며 사회적 책임을 다하는 기업인이 될 수 있느냐가 요즘 나의 고민이다.

　매일 아침마다 글을 쓰면서 이런 고민을 정리하고 하루를 살아갈 자신감과 용기를 얻는다.

　매일 아침마다 글을 쓸 수 있는 난 얼마나 행운아인가!

　내가 살아 있다는 사실과 아끼고 지켜야 할 사람들과 회사를 가졌으니 내 인생은 성공한 것이라 말할 수 있지 않을까. 그러니 소중한 시간을 헛되이 소비하지 말아야 한다.

가난한 집에 태어나 배운 것도 가진 것도 없어 너무 힘겹게 살다 보니 한때 나는 왜 이렇게 살아야 하냐며 내게 주어진 운명을 탓하기도 했다. 하지만 신은 나에게 이 모든 것을 극복할 수 있는 힘을 주고 스스로를 발전시킬 수 있는 의지와 지혜를 주었으니 어쩌면 공평한 게 아닐까 싶다.

이 힘들이 모여 나의 삶에 크고 작은 성공의 흔적들이 되었고 강력한 삶의 DNA로 각인되면서 오늘의 성공을 가져다준 밑거름이 되었다.

실패하는 사람들은 내일을 위해 오늘을 쉬지만, 성공하는 사람들은 내일 쉬기 위해 오늘 일한다. 그들에겐 늘 내일보다 '오늘이 기회'이기 때문이다. 또한 세상의 성공한 모든 사람들은 기회를 맞이한 사람이 아니라 기회를 만든 사람들이다. 우연한 기회란 없다. '오늘이 기회'라 여기고 하루하루 최선을 다해 열심히 사는 사람에게만 행운이 찾아온다. 오늘 내게 찾아온 기회를 놓치지 않기 위해 나는 오늘도 최선을 다해 살고자 한다.

1부

열정적으로
도전하기

하루 100개씩!

왜 안 돼?
할 수 있다
생각해!
2년이면
끝이야!

남과 경쟁하지 말고
자기 자신과 경쟁하라

　사람의 잠재력은 엄청나지만, 대부분의 사람은 그 잠재력의 10퍼센트도 못 쓰고 죽는다고 한다. 왜 그럴까? 도전해보기도 전에 스스로 안 된다고 포기하기 때문이다.

　포기하는 데는 여러 가지 이유가 있겠지만, 가장 결정적인 이유는 자신이 원하는 것만 보고, 믿고 싶은 것만 믿으며, 자기 편할 대로 생각하기 때문이다. 이처럼 어떤 정보를 객관적으로 전체적으로 받아들이지 않고, 자신에게 유리한 것만 선택적으로 받아들이는 것을 심리학에서는 '선택적 지각'이라 한다.

　선택적 지각을 하면 자신의 경험과 지식이 모든 기준이 된다. 일종의 개똥철학이고, 똥고집이다. 그래서 무슨 일을 하다가 안 되면 남 탓, 세상 탓으로 돌리기 일쑤다. 실패의 원인을 자신의 부족함과 잘못에서 찾아 고치려 노력하지 않고, 스스로 포기하는 선택적 지각을 하는 것이다.

이런 사람은 매번 실패하고 무슨 일을 해도 되는 일이 없다는 말을 입에 달고 살며, 결코 성공하지 못한다. 성공은커녕 인생에 그 어떤 변화도 일어나지 않는다.

세상이 변하길 원하고 상대가 변하길 원하기 전에, 먼저 변해야 할 사람은 바로 나 자신이란 걸 알아야 한다. 나의 부족함을 냉정하게 마주하고, 남이 아닌 나를 변화시켜야 발전할 수 있다는 선택적 지각을 해야 한다. 그래야 남과 다른 나만의 진정한 가치가 생기고, 비로소 남이 아닌 자신과 싸울 수 있는 힘이 생긴다.

세상에서 가장 강한 자는 자기 자신을 이기는 사람이다. 자기 자신을 이기려면 우선 과거의 나와 이별해야 한다.

물론 '과거의 나'는 '현재의 나'와 떼려야 뗄 수 없는 관계로, 오늘의 나를 있게 만든 근원이다. 하지만 '과거의 나'와 '현재의 나'가 서로의 삶을 인정하고 각자의 인생을 합리화하면, 앞으로의 발전 가능성을 뒤로한 채 서로 이해하고 토닥여주면서 더 이상 성장하지 못하게 나의 발목을 잡는다. 그 결과 과거에서 벗어나지 못하고 계속 허우적거릴 뿐이다.

스포츠에서 싸워서 이겨야 할 선수는 상대 선수가 아니라 바로 자기 자신인 것처럼, 자기 자신을 넘어서야 더 큰 발전을 이루어낼 수 있다. 그러기 위해서는 과거의 나와 현재의 내가 철저하게 경쟁해야 한다. 현재의 내가 기준으로 삼은 목표를 향해 달려갈 때 내 발목을 잡았던 과거의 나와 싸워 이겨야 한다.

진정한 승부는 다른 사람을 이기는 것이 아니라, 자신의 과거를 이기고 지금의 나보다 한 발 앞서 나가는 데 있다. 자신과의 경쟁을 뒤로한 채 다른 사람과의 싸움에 몰두하면 자칫 파멸을 가져올 수 있다. 늘 자신과의 싸움을 멈추지 않는 사람이 성공의 문턱에 가장 가까이 다가갈 수 있다.

시계바늘이 지나가는 순간 지금 이 시간도 과거가 되고 만다. 그리고 또다른 현재가 시작되고, 미래가 나를 찾아온다.

과거의 나를 버리는 일이 쉽지는 않다. 나 역시 과거의 모습으로 돌아가지 않기 위해 처절하게 싸웠다. 지금 이 순간도 과거의 나를 이기기 위해 분투하고 있다.

과거의 내가 새로운 나를 탄생시키는 데 걸림돌이 되지 않도록 항상 과거의 나를 버리는 싸움을 하자. 그래야 새로운 모습으로 거듭날 수 있다.

절대
포기하지 마라

무슨 일을 하든 중도에 포기하지 마라. 산모가 새 생명이 태어나기 직전 출산을 포기한다고 생각해봐라. 생각만 해도 끔찍하다. 한순간에 무너지는 게 인생이다. 포기하고 싶은 그 순간을 이겨내야 한다. 그 순간만 견디면 새로운 생명이 탄생하는 큰 기쁨을 누릴 수 있다. 그런데 그 기쁨이 얼마나 큰지 얼마나 행복한지 모르기 때문에 포기하는 것이다.

성공하기가 쉽지 않은 이유 역시 마찬가지다. 성공을 맛보기 바로 그 직전까지 계속되는 실패와 좌절을 극복하지 못하고 다들 포기하기 때문이다.

성공은커녕 사는 것 자체가 힘들다는 사람도 있다. 그런 사람들은 평생 온갖 고민을 주렁주렁 달고 산다. 이래서는 결코 성공하지 못한다.

성공은 목적을 이루는 것이므로 어떤 것을 얻는 기술이요, 성취하는 기술이라고 한다. 나는 그 주장에 반대한다. 성공은 많은 것

을 버릴 줄 아는 기술이라고 생각한다. 수많은 갈등을 버리고, 주변의 수많은 유혹을 이겨내고, 다양한 인간관계를 버려야 한다. 버려야 얻을 수 있다. 성공은 이것저것 주렁주렁 달고 가는 게 아니다. 성공한 사람들은 간단명료하다. 오로지 자신이 정한 목표에만 집중한다.

성공에 이르는 과정은 분명 힘들다. 힘들지 않다면 누구나 다 성공의 기쁨을 누릴 수 있을 것이다. 쉬운 일에는 경쟁자가 많지만 힘든 일에는 경쟁자가 없다. 일이 힘들 때마다 나는 속으로 쾌재를 부른다. 가시덩굴 같은 힘든 일에 도전하고 싶은 사람이 있겠는가? 쉬운 일에는 성공이 없다.

성공한 사람들은 엄청난 가시덩굴을 만나더라도 결코 포기하지 않고 가시덩굴을 헤치고 탈출한다. 끝이 안 보이는 어두운 터널을 꾸준한 보폭으로 한 줄기 빛을 향해 쉼 없이 나아간다. 길이 순탄하지 않고 아무리 큰 장애물이 가로막아도, 일이 꼬이고 최악의 상황에 직면해도 포기하지 않는다.

나폴레옹이 말한 "내 사전에 불가능은 없다"란 말 대신 그들의 사전에는 "절대 포기란 말이 없다."

비상식이
성공의 씨앗이다

'상식적'이란 보통 사람들이 알고 있거나 알아야 하는 지식을 말한다. 반면 '비상식적이다'란 말은 보통 사람들이 갖고 있는 지식이나 판단력 따위에 어긋나는 것을 말한다. 일반적으로 이해하기 어려운 경우, 기이한 현상이나 행동 등을 지칭하기도 한다.

그런데 '비상식적이다'와 '몰상식하다'를 헷갈려서는 안 된다. '몰상식'은 '상식이 전혀 없음'을 의미하는데, 무식하거나 무례함을 이를 때 쓰는 말이다.

몰상식해서는 안 되지만, 때론 비상식적인 행동이 성공을 가져다준다. 늘 상식적으로 생각하는 사람 눈에는 혁신도 창조도 잘 안 보이지만, 비상식적 행동 속에는 수많은 창조적 성공의 씨앗들이 내재되어 있다. 그 씨앗들이 발아하면 상식적인 사람들은 생각지도 못하는 놀라운 창조적 아이디어 제품이 탄생한다.

예전에는 테이프, CD, MP3 플레이어 등을 이용해 어학 공부를 했다. 그런데 '펜이 책을 읽어주는' 세이펜이라는 비상식적 제품이 등장함으로써 새로운 교육 시장이 생겨났다.

물론 기존 어학기들도 처음에는 비상식적 사고에서 출발한 획기적인 제품이었다. 하지만 지금은 상식에서 벗어나지 못한 구태의연한 제품으로 인식되어 일부는 이미 종말을 고했고, 나머지는 갈수록 설 자리를 잃어가고 있다.

이처럼 비상식적인 제품도 상식적인 제품으로 취급받는 단계에 이르면 더 이상 경쟁을 견디지 못하고, 또 다른 비상식적인 제품에

밀려 시장에서 사라지고 만다. 다시 말해 처음엔 비상식적이라 판단되어 각광받던 기술도 언젠가는 빛바랜 제품이 되는 것이다.

따라서 생명력을 잃어버리기 전에 더 독창적 아이디어로 생명을 연장시켜야 한다. 내가 만든 비상식 발상을 깨는 또 다른 비상식적 발상으로 다음 세대를 준비해야 한다.

보다 독창적인 발상으로 끊임없이 엉뚱한 짓을 해 사람들을 놀라게 할 제품을 만드는 힘이야말로 진정한 창조의 힘이다.

1970~1980년대에, 성적이 우수한 고등학생들이 나와 상식 문제를 맞히는 〈장학퀴즈〉가 한창 인기를 끌었다. 지금도 방영 중인 장수 프로그램이긴 하나 예전의 인기에 비할 바가 못 된다. 오늘날에는 상식 문제를 잘 맞히는 모범생보다는 비상식적 발상으로 상식을 깨고 새로운 창조물을 만들어내는 사람들이 더 각광받고 있기 때문이다.

신기술 새 창조물은 상식이 아닌 비상식적 사고를 가진 인재들의 머릿속에서 나온다. 비상식적 아이디어로 기발한 제품을 만들어 세상을 변화시켜보자.

결핍의 이면에 숨어 있는
성장 에너지

    수년간 지속되는 경기침체, 높은 실업률, 조기퇴직…… 다들 하루하루 살아가는 데 급급해 미래를 생각할 여유조차 없다. 그래서 '인생 한 방'을 기대하며 매주 로또에 희망을 건다. 힘겨운 삶에서 벗어날 수 있는 인생역전의 기회가 찾아오길 기대하면서.

    그런데 나는 로또가 아닌 누구나 안고 있는 결핍에서 기회를 찾으라고 말하고 싶다. 인생역전을 경험한 사람들의 공통점 역시 결핍을 경험했다는 점이다.

    결핍은 있어야 할 것이 없어지거나 모자람을 의미하는데, 궁핍, 가난, 결여, 부족함이란 의미도 가지고 있다. 흔히 영양 결핍, 비타민 결핍, 애정 결핍이라는 식으로 사용하지만, 인생 결핍, 생활 결핍이라고는 말하지 않는다. 그건 결핍보다 궁핍에 더 가까울 수 있다. 하지만 나는 부족해서 생기는 모든 결과를 '결핍'이라 말한다. 결핍은 단지 부족하다는 의미뿐만 아니라 간절함과 절박함을 내포하고 있으며, 그 이면에는 성장 에너지가 숨어 있다.

대부분의 사람은 결핍을 인생의 약점으로 여겨 모든 게 너무 부족하다고 투덜대면서 스스로를 포기한 채 자기합리화를 한다. 하지만 인생역전에 성공하는 사람은 결코 주저앉거나 포기하지 않는다. 오히려 결핍이 가지고 있는 성장 에너지를 내 것으로 만들어 인생을 개척해나간다.

자신의 삶을 어루만질 시간도, 위로할 시간도, 뒤돌아볼 시간도 부족하다. 악착같이 사는 그런 모습을 누군가는 동정 어린 눈빛으로 바라보기도 한다. 하지만 인생역전을 이루어낸 사람들은 이런 것들을 꿋꿋이 견뎌낸다. 훗날 웃는 자가 이긴다는 사실을 알고 있기 때문이다. 그래서 힘들어도 참고, 쉬고 싶어도 참으며 노력을 멈추지 않는다.

나는 어린 시절 배고픔과 부족함에 허덕이며 살았다. 친구들이 맛있는 것들을 잔뜩 싸오는 소풍날에도 달랑 김밥만 가져와 부끄러웠고, 책을 읽고 싶은데 책 살 돈이 없어 서점에서 책을 훔치기도 했다. 하고 싶은 게 너무 많았는데 너무 가난해서 할 수가 없다 보니, 항상 내 몸과 마음에는 '채우고 싶다, 해보고 싶다, 꿈을 성취하고 싶다'라는 간절함이 가득했다.

결핍은 이처럼 사람을 궁색하게 만들거나 도둑놈 혹은 나쁜 놈으로 만들기도 한다. 하지만 결핍을 극복하기 위해 누구보다 열심히 노력한 결과 열정을 얻었고, 뭐든 열심히 일하는 법을 배웠다. '성실함이 내 인생 무기다'라고 생각하고 하루 24시간을 25시간처럼 쓰면서 남들 잘 시간과 쉬는 시간에도 미친 듯이 일했다.

　늘 부족하단 갈증이 날 스스로 채찍질하게 만들었고, 더 노력하게 하는 원동력이 되었다. 결핍에서 벗어나려는 몸부림이 만들어낸 에너지는 현실의 벽을 뛰어넘게 해주고 뭐든 이겨내게 해주었다. 그리고 문제해결 능력과 인내심, 무에서 유를 만드는 창조의 힘을 가져다주었다.

　실패를 하거나 위기에 직면하면 이를 헤쳐나가기보다 스스로를 위로하고 감싸 안는 사람들이 많다. 세상의 눈과 말이 자신을 비웃거나 공격적인 모습을 보이면 금세 포기하고 주저앉아버린다. 또한 인생은 돈과 명예가 다가 아니라며, 즐기고 살아야 한다며 "젊어서 노세 노세" 한다. 일도 적당히 하면서 "열심히 일한 자 휴식을 취해야 한다"라고 목소리를 높이며 매주 놀러 다니기 바쁘다.

　그런 이들의 미래는 결코 장밋빛이 아니다. 나이가 들어갈수록 자녀 교육비, 주거 문제, 퇴직, 노후 문제 등 어느 것 하나 제대로 해결하지 못하게 된다. 평소 건강관리도 안 해 질병과의 싸움에서도 이겨내기 힘들 것이다. 근심 걱정으로 남은 인생을 초조하게 살아갈 뿐이다.

자신의 문제점을 약점으로 인정하고, 가난하다는 것을, 능력이 없다는 것을 솔직히 인정하고 받아들여야 한다. 타고난 '인생 주제 파악'을 해야 한다. 그 주제 파악이 성공의 비결이 될 수 있다. 몸에 큰 병이 있는 사람이 오히려 몸 관리를 잘해서 병이 없는 사람보다 건강하게 더 오래 살고, 약점이 많은 사람이 약점을 보완해서 더 성공하는 것처럼, 박지성 선수가 평발임에도 축구 연습을 더 열심히 해서 세계적 선수가 된 것처럼 말이다.

이처럼 결핍은 사람을 더 참고 견디게 만들고, 더 실천하고 노력하게 만든다. 결핍이 오히려 자신을 더 채워주는 것이다. 가진 것이 없다는 사실 때문에 돈도 아끼고, 음식도 아끼고, 일하다가 힘들어도 참는 것이다. 인간은 넘치면 노력을 안 한다. 뭐든 노력하고 꿈꾸고 될 수 있는 가능성이

귀머거리의 아들로 태어나 정규교육을 거의 받지 못했고, 전쟁 중 왼손이 불구가 되었으며 5년간의 노예생활과 업무실수로 투옥되기까지 했던 세르반테스 ㅡ

그가 결핍과 불행에 좌절했다면 '돈키호테'는 없었을 것!

많음에도 그냥 편하게 쉰다. 물 잔에 물이 비어 있어야 물이 채워지듯이, 부족하다는 건 뭐든 채울 수 있는 가능성이 100퍼센트가 넘는다는 얘기다.

  돈 없는 건 용서할 수 있어도, 일 없는 건 용서할 수 없었던 과거의 내가 오늘의 나를 만들었고, 힘들어도 쉬지 않고 더 열심히 일한 과거가 오늘날 나를 웃게 만들었다. 내 인생을 절망에 빠뜨렸던 결핍이 내 삶을 성장시킨 성공 에너지가 된 것이다.

열심히 일했으니
좀 쉬어줘야 해!

많은 사람들이 '쉬는 날에는 푹 쉬어야 해!'라고 생각한다. 열심히 일한 데 대한 보상심리가 작동한 것이다. 재충전을 해야 몸과 마음에 다시 에너지가 가득 넘쳐 열심히 일할 수 있으니 당연한 생각이다.

여기서 보상심리란 본인이 타인을 위해 혹은 자신을 위해 힘들게 일한 결과가 좋든 나쁘든 일한 경험과 흔적에 대해서 어떤 형태로든 보상을 받고 싶어 하는 심리를 말한다.

그런데 '이 정도쯤이야, 이 정도는 먹어줘야 해, 이 정도는 입어줘야 해, 이 정도는 놀아줘야 해'라는 보상심리가 나를 성공의 길에서 점점 멀어지게 만든다.

사소한 커피 한잔도 생각하기에 따라 그 의미가 달라진다. 5,000원짜리 커피 한 잔을 오전에 일한 대가로 점심 식사 후 매일 마시면 한 달에 15만 원, 1년이면 180만 원이다. 본인이 열심히 노력하고 일한 것에 대한 '작은 보상'이라고 가벼이 여길 수도 있다. 하지만

그에 따른 비용 지출과 시간 소모를 잘 따져보면 생각 외로 크다는 사실을 알 수 있다.

'이번 달에 열심히 일했으니 다음 달엔 여행을 갈 거야' 같은 일방적인 보상심리를 경계해야 한다. 더 큰 목표가 있고 성취하고자 하는 꿈이 있다면 소소한 즐거움은 잠시 잊고 살자. 물론 숨쉬기도 힘들 정도로 자신을 옥죄고 살 수는 없다. 하지만 그렇다고 너무 많은 보상심리 상태에 빠져 돈과 시간을 허비해서는 안 된다.

그리고 받아야 할 보상을 제대로 받지 못했다고 생각할 때 발동하는 '잘못된 보상심리'를 특히 주의해야 한다. '나만 왜 이런 일을 당해야 해? 너도 당해봐야 날 이해할 수 있어!'라는 식의 결론을 내리면서, 다른 사람도 자신과 똑같이 당해야 공평하다고 생각한다. 즉 자신이 잃은 만큼 남들도 잃어야 한다고 생각하는 것이다. 이런 보상심리에 빠지거나 몰입하면 큰 대가를 치르게 될 수 있다.

정확한 인생 설계를 해야
성공의 기회가 찾아온다

지도를 봐야 빠르고 정확하게 목적지에 갈 수 있듯이, 인생도 지도와 목표가 있어야 목적을 달성할 수 있다. 그리고 정확한 비전(vision)과 미션(misson)이 있어야 하고, 이루고 싶은 뚜렷한 꿈이 있어야 한다. 비전과 미션이 없다면 인생은 바람이 빠지기 시작한 풍선처럼 허공을 제멋대로 날다가 어딘 줄도 모르는 곳에 떨어질 것이다. 허무하고 위험한 인생이 되는 것이다.

집으로 표현하면 미션은 주춧돌 같은 것이다. 비전은 지붕이다. 그리고 이 둘을 연결해주는 기둥 역할을 하는 것이 가치관이다. 가치관은 옳은 것, 바람직한 것, 해야 할 것 또는 하지 말아야 할 것 등에 관한 일반적인 삶의 기준이다.

미션을 이루기 위한 나의 가치관은 무엇인가? 돈, 명예, 사회봉사, 사회적 책임 등 수많은 가치관이 있을 수 있다.

명확한 비전과 목표, 가치관 없이 하루하루 대충 먹고살기 위해 사는 삶이라면 평생 아무것도 이루지 못한 채 인생을 허무하게 마감할 수도 있다. 그 불행의 시작이 오늘인 것이다. 목표나 비전도 없이 간절한 삶을 추구하지 않는다면, 무슨 일을 하든 실패로 끝날 것이다.

꿈을 갖고, 비전과 목표를 세우고 최선을 다하면 언젠가는 성공의 기회가 나를 찾아올 것이다. 그것도 한 번에 그치지 않고 두 번 세 번 찾아올 것이다. 그러니 지금 당장 꿈과 비전, 목표를 세우기 바란다.

좋은 습관이
성공의 힘이다

"세 살 버릇 여든까지 간다"는 속담은 좋은 습관이든 나쁜 습관이든 한번 만들어지면 평생 간다는 의미를 가지고 있다. 습관이란 일상에서 이루어지는 반복적이고 지속성 있는 행위를 말하는데, 반복적으로 행동하면서 고정화된 것이므로 대부분 후천적으로 만들어진다. 그리고 삶에 큰 영향을 끼친다.

전 세계의 성공한 기업인들과 천재들도 다들 "나는 단지 좋은 습관을 가졌을 뿐이다"라고 입을 모은다.

그런데 오랜 시간 몸에 밴 습관을 바꾸거나 고치는 것은 결코 쉽지 않다. 나쁜 습관은 자신을 해치는 무기가 될 수 있다. 남의 말을 쉽게 옮기는 습관, 불평불만을 늘어놓는 습관, 사람을 비난하고 흠만 잡으려는 습관, 도덕적이지 못한 습관 등은 인생을 좀먹는다.

나쁜 습관을 고쳐야 한다는 것을 인지하고 고치려 노력해보아도 잘 안 고쳐지는 이유는 나쁜 습관을 고치고자 하는 간절한 마음과 강한 의지, 해낼 수 있다는 믿음과 확신이 없기 때문이다.

나쁜 습관을 없애는 가장 좋은 방법은 고치려는 의지가 불끈 솟아나게 만드는 강력한 동기부여를 하는 것이다. 예를 들어 다이어트를 하고자 한다면 멋진 몸매를 가진 사람의 사진을 휴대폰에 담아두거나 책상 앞이나 눈에 띄는 곳에 붙여두자. 수시로 사진을 보면서 다이어트에 대한 열망과 의지가 솟아나고, 그런 것들이 나쁜 식습관을 바꾸어 자발적으로 다이어트를 하게 만들 것이다.

나 역시 나쁜 습관을 버리기가 쉽지 않았다. 몇 차례 금연을 시도했지만 잘 고쳐지지 않아 하루는 직원들 앞에서, 담배를 피울 때마다 백만 원씩 주기로 과감하게 선언했다. 그 이후 지금까지 12년 동안 한 번도 담배를 피우지 않았다. 돈이 아까워서가 아니다. 반드시 금연을 하겠다는 굳은 결심을 지키기 위해 일부러 무리한 약속을 한 것이다.

나쁜 습관을 고치는 것과 더불어 좋은 습관도 만들어보자. 습관은 오랫동안 반복하면서 몸에 배는 것이니, 의도적으로 좋은 행동을 반복하면 어느새 습관으로 자리 잡게 된다.

다음은 내가 하고 있는 좋은 습관 만들기 프로젝트 두 가지이다.

좋은 습관 만들기 프로젝트 1 : 몸과 마음을 건강하게

몸은 최고의 자산이다. 성공하려면 건강해야 한다. 나는 매일 실내 자전거를 한 시간 이상 타고, 팔굽혀펴기 100회, 윗몸 일으키기

100회 등의 운동을 한다. 그리고 매일 아침 하나의 주제로 한 편의 글을 쓴다. 이 두 가지 습관을 통해 몸과 마음이 건강해졌다. 복부 비만이 사라지고 일정한 몸무게를 유지하게 되었고, 《결핍이 만든 성공》에 이어 두 번째 책 《오늘이 기회다》를 출간할 준비를 하게 되었다.

좋은 습관 만들기 프로젝트 2 : 항상 메모하기

성공한 부자들 혹은 천재성을 가진 인물들은 다들 메모하는 습관을 가지고 있다. 링컨은 모자 안에 메모장을 가지고 다녔고, 에디슨의 수많은 발명 역시 언제 어디서든 메모하는 습관의 결과물이다.

좋은 생각이나 아이디어가 떠오를 때마다 글과 음성, 사진으로 기록을 남겨보자. 번거롭게 노트를 준비할 필요도 없다. 스마트폰만 있으면 된다. 이렇게 남긴 글과 음성은 매일 아침마다 글을 쓰는 좋은 소재가 되고, 회사 경영과 강의를 하는 데도 큰 도움이 되고 있다.

순간 떠오른 아이디어나 생각은 바로 적지 않으면 연기처럼 사라진다. 사람의 기억은 7초를 넘기기 힘들다고 한다. 순간적으로 본 것이나 들은 것 혹은 생각들은 휘발성이 강해 엄청 빠른 속도로 기억에서 사라진다. 좋은 생각은 때와 장소를 가리지

않고 나온다. 그래서 메모하는 습관은 성공의 지름길을 안내하는 유용한 수단이 될 수 있다.

　스마트폰을 사용하기 전에는 펜을 들고 다니면서 생각이 떠오를 때마다 영수증 뒷면, 휴지, 신문지 등에 닥치는 대로 메모를 했다. 그 흔적들이 나의 인생이 되었고, 성장의 밑거름이 되었다.

나쁜 습관을 알면서도 바꾸지 못하고 있다면, 자신에게 너무 관대하거나 문제의 심각성을 인지하지 못하고 있는 건 아닌지 곰곰이 생각해보자. 훗날 심각한 위험이 닥친 다음 후회해봤자 돌이키기엔 너무 늦어버린다.

좋은 습관을 만들기 위해 내일까지 기다릴 필요가 없다. 지금 당장 실천해야 한다. 나쁜 습관은 오늘 당신에게 다가온 기회를 놓치게 만든다. 좋은 습관은 인생을 바꿀 수 있는 힘이 된다는 사실, 명심하자.

뛰면 살고, 서 있으면 망하고, 누우면 죽는다

끊임없이 움직이는 사람만이 오랫동안 견디고 살아남는다. 사람은 관 속에 눕기 전까지는 힘차고 활발하게 역동적으로 움직여야 한다. 기업도 실패가 두려워 안주하는 순간 망한다. 가만히 서 있는 자는 자신도 파괴하고 조직도 망하게 만든다.

그리고 서 있지도 않고 누워만 있으려고 하는 자는 반드시 죽는다. 무조건 움직이고 열심히 뛰어야 한다. 아무리 머리가 좋아도 열심히 뛰는 자를 이기기는 힘들다. 결국 뛰는 자는 살고, 서 있는 자는 망하고, 누워 있는 자는 죽는다.

미국 월마트에서 있었던 일이다. 한 종업원이, 고객들이 지난주에 사간 기저귀가 수요일쯤 떨어지고 부인이 퇴근하는 남편에게 기저귀를 사오라고 부탁한다는 점을 파악했다. 또한 기저귀를 사러 온 김에 맥주 한 팩도 같이 산다는 사실을 알게 되었다. 그 종업원은 발 빠르게 기저귀 옆에 맥주를 옮겨놓았다. 그 결과 기저귀와 맥주의 매출이 껑충 뛰었다.

움직이고 열심히 일한 사람의 결과다. 세상을 어렵게만 보고 포기하는 자들이 있다. 그들은 책상에 앉아서 북 치고 장구 치고 다 한다. 그들은 현장에서 발로 뛰는 사람의 말을 잘 들으려 하지 않고, 앉아서 판단한 사실을 믿는다. 끊임없이 탁상공론을 한다. 근심 걱정은 방 안에서 해결되는 게 아니다. 근심 걱정을 날리려면 동분서주해야 한다.

몽골 수도인 울란바토르 근교에 돌궐제국을 이끈 톤유쿠크 장군의 비문이 있는데, 여기에는 이런 글이 있다.
"성을 쌓고 사는 자는 반드시 망할 것이며, 끊임없이 이동하는 자만이 살아남을 것이다."
움직여야 한다. 도전해야 한다.
어차피 죽을 인생 힘을 아낄 이유가 없다.
단 한 번뿐인 인생, 열정적으로 도전해야 생동감 있게 살아갈 수 있다.

말한 대로
이루어진다

    우리는 흔히 뇌가 우리 행동의 모든 걸 지배한다고 생각한다. 그럼 뇌를 지배하는 건 무엇일까? 놀랍게도 뇌는 말의 지배를 받는다. 말을 내뱉으면 그 말이 뇌에 각인되고 행동을 이끌어낸다. 입버릇처럼 말하던 것이 실제로 이루어지니 말조심을 하라는 의미로 "말이 씨가 된다"는 속담을 사용하는데, 우리 조상님들도 말이 행동을 이끌어낸다는 사실을 잘 알고 있었던 모양이다.

    생각을 말로 표현하다 보면 꿈이 현실에서 이루어지는 신기한 경험을 하게 된다. '나는 성공할 수 있다' '나는 꿈을 이룰 수 있다'라고 매일 외쳐보라. 간절한 희망 속에 작은 성공이 눈앞에 나타날 것이다.

    소원은 평소에 늘 생각하고 원하고 바라는 모든 것들을 이루어지게 하는 단어다. 평소 자주 하는 말이 소원이 되고, 그 말은 반드시 이루어진다. 그런데 아무에게나 해당되는 얘기는 아니다. 이 말을 죽을 때까지 믿는 자에게만 소원이 이루어진다. 그리고 소원은 구체적으로 말해야 이루어진다.

　대부분 사람들이 마치 뜬구름 잡듯 막연하게 '성공하고 싶다, 돈을 많이 벌고 싶다'라고 말한다. 이런 소원은 절대 이뤄지지 않는다. 어떤 신이 그냥 말한 대로 들어주겠는가? 성공에도 크기가 있다. 그 크기를 말하는 자가 성공한다. 그러니 소원을 말할 때는 구체적으로 콕 집어서 말해야 한다.

　중학교 1학년 때 서울로 상경한 뒤 곰팡이 냄새가 나는 지하 방에서 살았다. 그래서 매일 지상에서 살게 해달라고 빌었다. 그 소원은 어느 순간 기적처럼 이루어졌다. 지금은 아주 높은 집에서 살고 있다.

　스무 살 때 내 소원은 영업용 차를 갖는 거였다. 그 당시 현대자동차에서 생산하던 '엑셀'을 갖고 싶었다. 열심히 말했더니 소원이 이루어졌다. 이후 소나타, 그랜저도 타게 되었다.

　20대 후반에는 지하주차장을 개조해서 사무실로 쓰고 있었는데, 빛이 잘 들어오는 환한 사무실을 갖는 게 소원이었다. 2년 만에 25평 규모의 4층짜리 작은 건물, 나의 첫 번째 사옥이 생겼다.

　30대 초반에는 유아교육센터를 설립하고 싶었다. 5년 뒤 포도키즈넷이란 아동교육센터가 생겼다. 100평 규모의 7층짜리 건물로, 지금의 세이펜 본사 건물이다. 두 번째 사옥이었다.

　30대 후반에는 세이펜을 만나 무려 일곱 번이나 실패하는 뼈아픈 고통을 겪었다. 내 모든 걸 투자해도 좋으니 정말 실용적이고 성능 좋은 세이펜을 만들게 해달라고 빌었다. 7전8기 만에 드디어 소원이 이루어졌다. 그리고 12년째 사업체는 계속 성장하면서 잘 유지되고 있다.

  40대 초반에는 물류센터가 소원이었다. 여름에는 너무 덥고, 겨울에는 너무 추운 임대 창고에서 고생하는 직원들을 위해 쾌적한 환경이 갖추어진 물류센터를 간절히 원했다. 마침내 330평 규모의 부천 물류센터가 생겼다. 세 번째 사옥이었다.

40대 중반에는 세이펜 고객센터가 필요하다고 소원을 빌었다. 400평 규모의 성수 사옥 고객센터가 생기고, 사무실과 세미나장, 물류창고까지 생겼다. 네 번째 사옥이다.

40대 후반에는 세티맘 전용 카페를 소원했다. 지금은 공감 마케팅 시대라 인터넷 세상에서 교류하는 사람들이 얼굴을 보면서 친목을 도모할 장소가 필요하다고 생각한 것이다. 다섯 번째 사옥인 세이펜 북카페가 생겼다.

나는 단 한 번도 내 소원이 이루어지지 않는다고 생각해본 적이 없다. 언젠가는 꼭 될 거라고 믿었다. 끝까지 믿고 또 믿었다. 내가 생각하고, 말하고, 노력한 대로 이루어진다는 걸 나는 무조건 믿는다. 내 생각과 말이 뼈에 각인될 정도로 강하고 구체적으로 간절히 바라면서 반복적으로 소원을 되새김했다.

그리고 부정적인 표현이나 힘들다는 말이나 때려치우겠다는 말을 절대 안 했다. 성공하고 싶다면 절대 짜증 섞인 말을 하면 안 된다. '나는 대박운을 가졌다고, 나는 무슨 일이 있어도 꼭 성공한다'라고 생각하며 30년을 살았더니 내 인생이 바뀌기 시작했다. 내 인생이 뿌리에서부터 서서히 변하기 시작하더니 나랑 같이 일하는 업체도 좋아지고, 동고동락한 직원들의 운도 점점 좋아졌다.

긍정적인 생각으로 일하니 기분도 좋아지고, 기분이 좋으니 힘들어도 견디게 되고, 견디다 보니 꼬인 일도 풀리고, 꼬인 일이 풀리니 행동에 자신감이 생기고, 그 자신감이 내가 생각하고 믿었던 일들을 하나둘 성장시키고 이루어지게 만들었다.

허튼 대박 같은 꿈일지라도 꿈을 품에 안을 수 있는 그릇이 생길 때까지 차근차근 노력하면, 언젠가 소원이 이루어진다. 하지만 소원은 그냥 얻어지거나 쉽게 이루어지지 않는다. 수많은 고통을 이겨내고, 갈등과 싸워야 한다.

절대 한눈을 팔면 안 된다. 간절한 마음으로 열심히 노력하면 누구든지 마음먹은 대로 이룰 수 있다. 소원은 노력 안 하고 기다리고만 있으면 나도 모르게 비켜 지나간다. "노력이 소원을 잡는 힘이다."

사람을 제대로 보는
눈을 가지자

　실패한 사람들은 소통이 잘 안 된다. 배려심마저도 빵점이다. 무슨 일을 하든 다른 사람의 말을 잘 듣지 않고 불평만 가득하고, 매사에 부정적이다.
　반면 성공한 사람들은 소통이 잘되고, 배려심이 강하며, 항상 긍정적이다. 그리고 상대방의 장점만 보려고 애쓴다. 시끄러운 사람을 보면 활기찬 사람이라 여기고, 말 없는 사람을 보면 과묵한 사람이라 하고, 자기 자랑을 늘어놓는 사람을 보면 솔직한 사람이라 말한다.
　이런 사람은 다른 사람과 너무 소통을 잘해 때론 가치 없게 사람을 만나는 듯한 오해를 받기도 하고 헤프게 보일 수도 있다. 또한 매사 긍정적으로 행동하는 모습이 다른 사람 눈엔 가벼워 보일 수도 있다. 심지어 진정성에 의구심마저 일게 한다.
　타인의 장점만 보려는 긍정적인 자세는 성공을 가져다주는 요소 가운데 하나이다. 성공한 사람들은 다들 좋은 안목을 가지고 있어 타인의 장점을 잘 볼 뿐 아니라 사람을 잘 본다.

흔히 여자들은 결혼 전에는 돈을 잘 쓰는 남자를 좋아하지만, 막상 결혼을 하면 근검절약하는 남자를 좋아한다. 남자들 역시 마찬가지다. 결혼 전에는 화려하고 예쁜 여자를 좋아하지만, 막상 결혼할 때는 참하고 살림 잘하는 여자를 좋아한다.

그런데 눈에 콩깍지가 씌어 단점이 눈에 안 보인다면, 과연 행복한 결혼 생활을 할 수 있을까? 여자는 남자의 돈을, 남자는 여자의 외모만을 본다면 절대 행복할 수 없다.

결혼뿐만이 아니다. 중요한 판단을 내려야 할 시점에 사람을 정확하게 볼 수 있는 눈이 있어야 한다. 사람을 잘 보는 능력을 가지고 있다면 성공의 한 요소를 가지고 있다고 할 수 있다.

인간은 모든 게 자기중심적이고 개인주의적 성향을 가지고 있으므로 남의 입장을 잘 고려하지 않는다. 어쩔 수 없다. 나이가 어릴수록 그런 성향이 강하다. 배려심이라고는 찾아보기 힘들다. 양보하고 배려하는 마음이 없는 사람이라면 아무리 능력이 있어도 과감하게 정리해야 한다. 예의가 없는 사람도 멀리 해야 한다. 특히나 돈푼 꽤나 있다고 아무나에게 함부로 '야! 자!' 하거나 막말을 해대는 사람을 조심해야 한다.

이런 사람들은 툭 하면 트집을 잡고, 습관적으로 화를 내고, 이해보단 짜증을, 관용보단 벌이 먼저다. 상대를 지치게 만드니 처음부터 멀리하는 게 좋다.

 그들은 남을 사랑할 줄도 모른다. 자기애가 너무 강한 사람은 배려심이 없다. 상대방의 마음에 상처만 준다. 상대방을 업신여기고 무시하고 빈정대는 사람과는 진정성 있는 만남을 갖기 어렵다. 결국 헤어지거나 원수지간이 된다.
 대화가 안 되는 사람도 심각하다. 사람 간의 관계 중 가장 기본

적인 소통은 대화를 통해 이루어진다. 그런데 대화력이나 표현력이 부족한 사람은 상대에게 오해를 불러일으키기 십상이다. 우리가 신이 아닌 이상, 입으로 말하고 행동으로 보여주지 않으면 다른 사람의 마음을 이해하기 힘들다.

늘 곁에 있는 사람들에게 최선을 다해야 신뢰 있는 인간관계를 형성할 수 있다. 인생을 멋지게 성공시키고 싶다면 곁에 있는 사람을 존중하고 항상 아껴라. 그래야 결과가 좋다.

인생은 끝을 봐야
알 수 있다

　인생을 살다 보면 버리거나 선택해야 할 것들이 생긴다. 흔히들 '살까? 말까?' 갈등할 때는 사지 말아야 하고, '갈까? 말까?' 갈등할 때는 가야 한다고 말한다. 하지만 어떤 것을 버려야 할지 선택해야 할지 결정하기란 쉽지 않다. 그리고 버리지 않고는 얻을 수 없는 것들도 많다.

　경제 용어로는 '트레이드오프(trade off)'라고 한다. 하나를 얻기 위해서는 반드시 다른 하나를 버리거나 희생해야 한다는 의미로, 일종의 기회비용이다. 예를 들어 실업률을 줄이면 물가가 올라가고 물가를 안정시키면 실업률이 높아지는 것처럼 두 가지 목표가 양립할 수 없다.

　선택의 기로에서 수없이 생기는 갈등과 망설임은 누구도 대신 해결해줄 수 없다. 어느 길로 갈지 선택하는 건 바로 자기 자신이다. 모든 의사결정에 있어 신중하고 현명하게 판단해야 하지만, 특히나 직업을 선택할 때는 심사숙고해야 한다. 후회 없는 선택이

'업(業)'의 길을 만들고 인생을 결정하기 때문이다. 여기서 '업'은 바꿀 수 없는 직업을 말한다.

인생은 방황의 연속이다. '업'의 기로에서 가고 싶은 서너 갈래 길 중 하나를 잘 선택해야 하는 순간부터 숙명(宿命)과 운명(運命)이 존재한다. 숙명은 날 때부터 정해진 운명을 말하는데, 마치 뒤에서 날아오는 돌처럼 도저히 피할 수가 없다.

하지만 운명은 앞에서 날아오는 돌과 같아서 자신의 의지로 피할 수 있다. 다시 말해 죽기 전까지 바뀔 수 있는 게 운명이므로 자신의 운명이 마음에 들지 않는다면 스스로 운명을 개척해보자.

현재 하고 있는 일이 숙명적인 일이라면 더할 나위가 없다. 그런데 숙명적인 일을 만나기가 쉽지 않다는 게 문제다. 나이가 많아질수록 직업을 바꾸기가 만만찮다. 배운 게 도둑질이라고, 하고 있는 일이 하향 사업인 데다 수입도 적고 고생만 하는 일인데도 그 일에서 벗어나기 힘들다.

희망도 비전도 없지만 자신이 선택한 직업이라 선뜻 이직을 못한다. 현재 살아가고 있는 삶의 테두리에서 벗어나고자 하는 욕구가 강해도 몇 년 또는 몇십 년간 천직이라 생각해온 일이라 한순간에 버리기가 힘들다. 지금껏 나와 함께 일한 동료와 지인들과의 관계가 끊어질까 염려스러운 것도 한 가지 이유다.

그래서 직업은 신중하게 선택해야 한다. 그냥 '일단 해보고……'라는 마음으로 선택하면 안 된다.

나이가 젊으면 다시 출발할 수 있지만, 중년에 접어들어 뒤늦게 새로운 길을 선택해 인생 2모작, 3모작을 시작하려는 사람들에겐 쉬운 일이 아니다.

인생은 정답이 없다. 실패한 것처럼 보이는데도 어느 날 성공할 수도 있고, 성공한 듯 보이다가도 실패할 수 있는 것이 인생이다. 그러므로 인생은 끝을 봐야 알 수 있다.

여러 일 중 내게 가장 필요하고 앞으로 잘될 수 있는 일을 선택하고 여기에 집중하자. 그리고 자신을 틀 속에 가두지 말고, 인생을 크고 넓게 보고, 깊게 사고해야 한다. 늘 변화하고 혁신해야 한다.

현재 몸담고 있는 환경에 안주해서는 안 된다. 새롭게 변화할 수 있다는 의지를 되새기고, 부단한 자기 경영을 통해 자신을 탈바꿈해야 한다. 변화를 겁낸다면 무한경쟁 사회에서 도태될 수밖에 없다. 지금 당장이라도 자신에게 변화를 주려는 시도를 해보자. 그렇게 된다면 당신의 업은 오늘부터 조금씩 성장과 기쁨의 길로 들어설 것이다.

기회가 없다면
기회를 만들자

신은 인간 앞에 평등하다. 누구에게나 24시간이라는 동일한 시간을 주었다. 그런데 신이 부여한 공평한 시간을 인간은 각자 다르게 사용한다. 어떤 사람은 하루 24시간이 너무 길어 하루하루 살아가는 걸 지겨워하고, 어떤 사람은 하루가 48시간이라도 부족할 정도로 알차게 사용한다.

하루 24시간을 어떻게 해석하느냐가 관건이다. 누구에게나 이 시간은 기회의 시간이다. 하지만 무슨 일을 할 건지, 어떤 일을 하려고 하는지에 따라 그 시간의 의미가 달라진다.

좋은 레시피, 신선한 재료, 탁월한 요리 솜씨로 맛있는 음식을 만들어도 먹을 타이밍을 놓치면 제 맛을 느낄 수 없다. 기회도 마찬가지다. 음식처럼 적절한 타이밍을 맞춰야 한다. 그런데 요리 솜씨가 뛰어나도 음식 재료가 없으면 음식을 만들 수 없듯이, 내게 찾아온 기회를 맞이하려면 준비가 되어 있어야 한다. 자신의 운명을 바꿔줄 엄청난 행운이 찾아오더라도 그걸 제대로 볼 줄 모르면 행운은 그냥 바람처럼 스쳐지나갈 뿐이다.

준비된 자만이 기회를 잡을 수 있다. 아는 게 있어야 내게 찾아온 기회가 행운을 가져다줄지 불행을 가져다줄지 판별할 수 있다. 한마디로 똥인지 된장인지 구분할 수 있는 능력을 갖춰야 한다는 얘기다.

더구나 기회는 고통이라는 전령사를 항상 데리고 다닌다. 전령사는 행운을 주기 전에 고통부터 준다. 그래서 기회가 눈앞에 와도 쉽사리 손을 내밀 수가 없다. 고통을 감내해야 행운이 내 것이 되는데, 그걸 견디지 못하기 때문이다. 배가 너무 고픈데, 맛있는 음식을 눈앞에 두고도 너무 뜨거워서 먹지 못하는 것과 같다. 하지만 수저와 국자, 그릇이 준비된 자는 맛있게 먹을 수 있다.

음식처럼 기회도 고통이란 뜨거운 순간을 거쳐야 한다. 그래서 준비되지 않은 자는 맛있는 음식을 눈으로만 바라보듯 기회를 바라만 볼 뿐 잡을 수가 없다. 그냥 스쳐 지나갈 뿐이다.

사람들은 누군가가 그 기회를 붙잡아 대박이 나고서야 땅을 치며 후회한다. '아! 그거 예전에 내가 하려고 한 건데……' 하면서 자랑 아닌 자랑을 늘어놓지만 속이 쓰리고 아프다. 그래서 기회를 놓친 사람들은 약을 먹어도 완치가 안 되는 속병이 난다.

다시 강조하지만 기회는 아무나에게 안 온다. 고통의 전령사도 맞이해야 하고, 언제 찾아올지 모를 기회를 위해 만반의 준비를 해야 한다. 한마디로 구색이 갖춰진 사람이 차지하는 게 기회란 걸

명심해야 한다.

주변을 둘러봐라. 기회를 잡은 자와 기회를 놓친 자, 그리고 기회가 와도 모르는 자. 이번에는 성공한 사람들을 찾아봐라. 기회를 잡아 성공한 사람들은 처음에는 당신 눈에 보이지 않았을 것이다. 어디선가 묵묵히 열심히 준비하고 있었던 사람들이기 때문이다. 그런데 어느 순간부터 보인다. 그들은 뭐든 한 땀 한 땀 노력하면서 기회를 만들어가는 사람들이다.

기회가 왔을 때 얼른 붙잡을 수 있다면 그보다 좋은 건 없다. 하지만 기회는 너무나 순식간에 지나가므로 조금만 방심하면 놓치기 일쑤다. 그러니 왜 내겐 기회가 오지 않느냐고 낙심하거나 좌절하지 말고, 스스로 기회를 만들어내야 한다.

열에 달아오른 뜨거운 쇠를 쇠망치로 내려치면서 뭔가를 만드는 대장장이 같은 사람들이 기회를 잡는다. 쇠는 가만히 두면 쓸모가 없다. 두드리고 두드려야 쓸모 있는 모양으로 탄생한다.

오랫동안 쓸고 닦고 관리하고 쇠를 담금질하고 연마하듯이 열심히 노력하면, 분명 엄청난 행운을 안겨줄 만한 기회는 아니었는데도 어느날 놀라운 행운을 안겨줄 것이다.

많은 사람들이 기회가 자신에게 찾아오기만을 기다린다. 감나무 아래 누워 입만 벌리고 있는 모습과 뭐가 다르겠는가. 하루 종일 누워 있어 봤자 감은 먹지 못하고 입만 돌아간다.

똑똑한 자는 기회를 만들고, 어리석은 자는 기회를 기다린다는 사실을 명심하자. 세상의 모든 성공한 사람들은 기회를 맞이한 사람들이 아니라 기회를 만든 사람들이다. 절대로 허튼 꿈에 빠져 기회를 기다리지 마라. 우연한 기회란 절대로 없다. 준비된 기회만이 존재한다.

내일부터 회사에
그만 나오라고?

　지금 대한민국 모든 업종이 경기 침체와 경기 불황으로 몸살을 앓고 있다. 각 사업 분야에서 인력 감축과 구조조정을 단행하고 있으며, 특히 조선은 전 사업 부문이 폐업 지경이다. 또한 아파트 미분양 사태로 철강과 건설 사업까지 예사롭지 않은 상태이다.
　은행도 경기 침체와 금융 시스템의 변화로 성장통을 겪고 있다. 은행 간 대통합으로 변화와 성장을 시도하고 있지만 내부 직원들과 국민들 반응은 신통치 않다. KB국민은행, SC제일은행, KEB하나은행 등에서 3,000여 명이 권고사직되거나 희망퇴직했고, 이미 희망퇴직한 직원들은 갈 곳이 없어 집에 칩거하거나 소호 창업으로 퇴직금을 날리고 있는 상황이다.
　더구나 제조업의 70퍼센트가 이미 중국에 추월당하기 시작했으며, 나머지 30퍼센트도 3년 내로 중국에 뒤처질 거란 예상이 나오고 있다. 또한 5년 뒤에는 인도마저 우리 기술을 추월할 것이라 하니 참 걱정되는 한국 경제의 현실이다.

한때 고속성장을 했던 기업이나 신생기업이나 힘들긴 마찬가지다. 우리나라 최고의 기업인 삼성그룹도 전자, 물산, 보험 등 거의 모든 계열사가 희망퇴직을 진행 중이다. 한 대기업은 근속 연수에 상관없이 3,000여 명의 사무직 직원 전원을 대상으로 희망퇴직 신청을 받고 있다고 한다. 앞으로 이런 기업은 더 늘어날 전망이다.

게다가 예전에는 나이 든 부장급 이상이 구조조정 대상이었는데, 요즘은 입사 1~2년차인 20대 평사원도 구조조정의 칼바람 아래 놓여 있다. 중견·중소기업에선 정리해고가 속출한다. 직원수와 매출액에 상관없이 직원들에게 '회사에 그만 나와라'는 일방적인 통보를 하는 경우가 허다하다.

가정이 아무리 어려워도 자식은 먹여 살리는 게 부모의 마음이자 책임인데, 대한민국 기업은 20대마저 벼랑 끝으로 내몰고 있다. 미쳐가고 있다. 국가의 원동력인 젊은이들을 내팽개치는 정부가 되고 있다. 더구나 전셋값 폭등으로 인한 가계 부채와 부동산 경기 침체는 가계와 기업 부실을 더욱 악화시킬 것이다. 게다가 수출마저 빨간 불이 켜지며 갈수록 저성장의 늪으로 빠져들고 있다.

앞으로 인력시장에는 더 혹독한 찬바람이 불 것이며, 경기 불황과 경기침체 한파 또한 더 거세질 것이다. 찬밥 더운밥 가리지 말고 무슨 일이든 하면서 미래를 설계하기 바란다.

오늘의 안정보다
내일의 비전을 보라

　요즘 젊은 친구들이 어떤 회사를 선호하는지 궁금하던 차에, 얼마 전 인터넷에서 대한민국 성인남녀들이 선택한 좋은 일자리의 선택 기준 1순위는 '임금'이라는 기사를 읽었다. 취업 전문 업체에서도 젊은 성인남녀를 대상으로 좋은 일자리를 선별하는 기준에 대한 설문조사를 했는데, 여기서도 '임금'이 1순위였다. 고용 형태, 최신 근무 환경, 퇴근 시간, 복리후생 등이 뒤를 이었다.

　사실 누가 돈 많이 주는 회사를 싫어하겠는가? 돈이 중요하지 않다는 말을 하려는 게 아니다. 그러나 임금 수준은 생활 수준을 결정하는 잣대가 될 수는 있지만, 미래를 보장해주지는 못한다. 100세 시대를 행복하게 살아가려면 당장 오늘의 임금보다는 미래를 내다보고 판단해야 한다. 다음달에, 아니 내일 해고될 수 있는 게 요즘 우리나라 기업 상황이다.

　화수분처럼 끊임없이 돈을 벌고 싶다면 몸담고 싶은 기업의 CEO가 가진 철학, 기업의 비전, 기업의 문화를 봐야 한다. 물론 자신의 적성도 반드시 고려해야 한다.

　직장인의 임금, 즉 월급은 마약처럼 중독성이 있다. 매달 정해진 월급에 맞춰 살다 보면, 자신이 간절히 하고 싶은 일이 생겨도 당장 생활이 힘들어질까 봐 머뭇거리게 된다. 월급이 나오지 않는 그 시기를 견디면서 일할 엄두를 내지 못해, 한 달만 한 달만 더 하다가 현실과 타협하면서 꿈을 포기한다. 그러니 매달 받는 월급에 길들여지기 전에 자신의 적성에 맞는 '업'과 기술을 찾아야 한다.

　앞서 살펴본 설문조사에서 많은 응답자들이 돈에 상당한 집착을 보였는데, 그 금액이 대졸 신입사원 기준으로 평균 234만 원이다. 2016년 1월 통계청 자료에 따르면 대기업 월평균 임금은 501만 6,705원이었고 중소기업은 311만 283원이었다.

　30년간 근무한다고 가정하고 월평균 400만 원의 임금을 받는다면 14억 4,000만 원이다. 그런데 이 돈을 다 모을 수가 없다. 30년 동안 절반 혹은 3분의 1만 모아도 많이 모은 것이다. 그래봤자 5억 원 정도다. 엄청 열심히 절반을 모았다고 해도 7억 원 정도다. 그런데 30년간 근무하기도 힘들고, 월평균 400만 원을 받기도 쉽지 않다는 게 현실이다.

　이렇게 벌어서는 살아가면서 어떤 위기가 오거나 인생이 꼬이면 이를 극복하거나 해결할 수가 없다. 몸으로 견디고 때우면서 살아야 하는 서글픈 노후가 기다릴 뿐이다.

　나이가 어릴수록 자신에게 맞는 직장을 찾기가 힘들다. 경험도

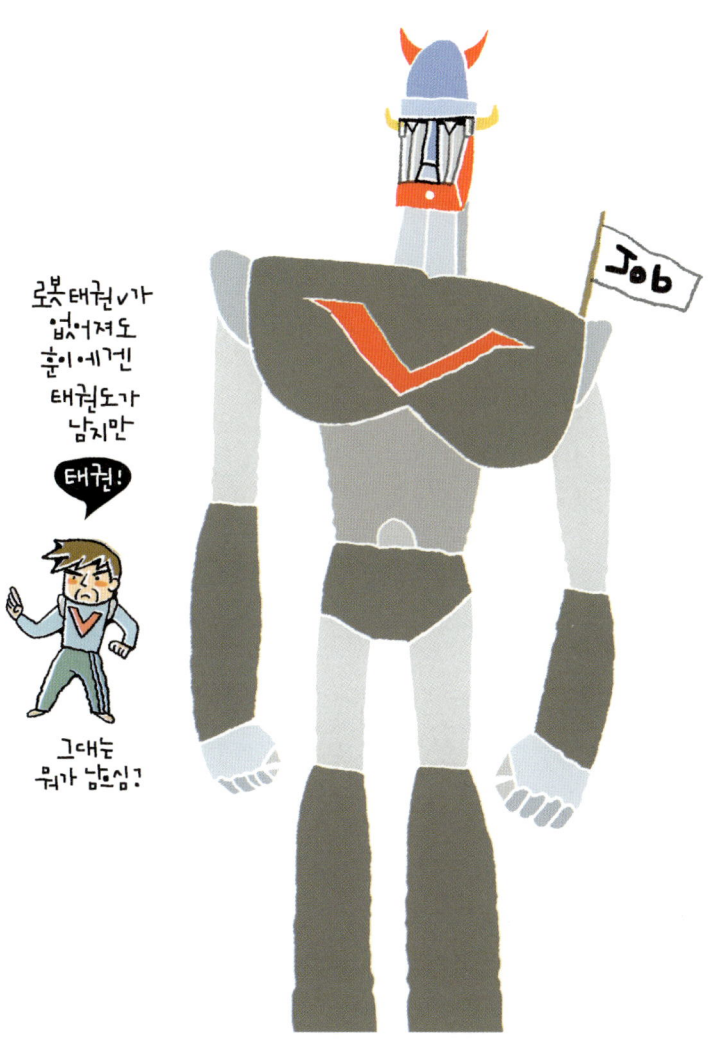

없고, 대학도 전공도 성적에 따라 선택하여 자신의 적성이 뭔지도 모른 채 취업 준비만 하였으니 연봉이 좋은 일자리의 기준이 된 듯하다. 그런데 그들의 기준으로는 취업하기가 하늘의 별 따기만큼 어렵고, 기업들은 뽑기가 어렵다고 하니 참 아이러니컬하다. 가고자 하는 자는 뽑아주는 데가 없어 갈 데가 없고, 뽑고자 하는 자는 사람이 없어 못 뽑는다고 하니 그 이유는 뭘까? 답은 하나다. 다들 힘든 일을 싫어하는데, 거의 99퍼센트의 기업이 직원들에게 힘든 일을 요구하기 때문이다.

현재 직장을 다니고 있는 중견 직장인들도 다니는 회사가 마음에 들지 않아도 더 괜찮은 일자리를 구할 수 있다는 보장이 없어서 못 옮긴다고 말한다. 첫 단추가 돈이다 보니 돈이 떨어지면 마음에 드는 게 없는 것이다.

돈만 따지고 전문성은 뒷전인 채 변변한 기술도 없이 일하다 나이 들어 이 일 저 일 하다가 피 말라 죽는 사람 여럿 봤다. 지금 당장 고생을 두려워하지 말고 10년 뒤를 바라보는 비전을 갖고 기술을 익혀라. 그리고 자신을 이끌어줄 멘토를 찾는 길이 임금을 조금 더 받는 것보다 더 빠른 성공의 지름길이다.

작심삼일,
허풍으로 깨자

　새해가 되면 마음을 다잡고 금연, 다이어트, 어학 공부 등 크고 작은 결심을 하면서 각자 나름의 계획을 세우고 야심차게 실행해 보려 하지만, 이를 온전히 지키는 사람은 별로 없다.
　의지가 약하고 귀가 얇아서, 항상 내가 아닌 남에 의해 삶이 변하는 의지박약형들이다. 뭐 하나 명확히 정하지도 못하고 이리저리 분주하기만 하다. 마치 갈대처럼 다른 사람 말에 휘둘려 정해진 계획을 한순간에 바꾸는 경우가 많다. 이런 사람들은 시간이 지나도 아무런 성과를 내지 못한다.
　작심삼일로 끝나지 않고 결심을 지키는 방법은 없을까?
　나는 작심삼일의 늪에 빠지지 않기 위해 매번 나의 목표나 사업 계획을 떠버리처럼 여기저기에 떠들고 다닌다. 그래서 한때는 사기꾼, 허풍쟁이라는 소리를 듣기도 했다. 뭐든 말이 앞선다고 욕도 얻어먹었다.
　사실 이런 '허풍쟁이 효과'는 오랫동안 연구로 입증된 심리 이론

중 하나이다. 일명 '떠벌림 효과(profess effect)'라고 한다. 자신의 목표와 계획을 공개적으로 주변 사람들에게 알림으로써 자신이 한 말에 대한 책임감이 생기고, 약속을 더 잘 지키게 된다는 이론이다. 말을 내뱉음으로써 마인드 컨트롤이 강해지는 것이다. 더불어 이 말을 들은 주변 사람들이 적극적으로 도와주고, 물적·인적 자원을 지원해주므로 목표를 쉽게 이룰 수 있다는 장점도 있다.

실제로, 자신의 목표를 아무에게도 말하지 않고 실천하는 사람과 자신의 목표를 주변 사람들에게 허풍 떨듯이 말하는 사람 중 어떤 사람이 더 빨리 목표를 이루어내는지 실험해보았다. 그 결과 전자가 후자보다 더 빠르게 목표를 이뤄냈다.

　자신의 계획을 이곳저곳 떠벌리고 다녀 주변 사람들에게 목표를 알림으로써 보이지 않는 약속을 하게 되는 것이고, 약속을 지켜야 한다는 책임감이 강해지기 때문이다. 이를 통해 자신의 목표를 향해 한 발 한 발 나아가는 힘이 생긴다.
　'허풍쟁이다', '말만 내세우고 다닌다'는 핀잔을 듣더라도 여기저기 떠들고 다녀보자. 그러다 보면 말한 대로 이뤄질 것이다. 하지만 자신의 목표를 떠들고 다니는 것은 일종의 계획을 실천하겠다는 말일 뿐 구체적인 방법은 될 수 없다. 자신과의 약속을 지키려는 말보다는 의지가 그 무엇보다 중요하다.

작은 일에도
최선을 다하자

대부분의 사람들은 눈에 보이는 것만으로 모든 것을 가늠하고 판단한다. 일할 때도 돈 되는 것부터 처리하고, 사람을 만날 때도 자기에게 도움이 되는 사람부터 만난다. 경영에서도 톱다운(Top-Down) 방식으로 위에 있는 일부터 처리한다. 모든 일이 중요도 순위로 흘러간다.

호텔에서는 좋은 차를 탄 사람을 더 우대하고, 백화점에서는 VIP로 고객을 구분하지만, 중요한 일이나 큰 프로젝트만 중요시하지 말고, 눈에 띄지 않는 하찮은 일일지라도 무시하지 않고 최선을 다하는 겸손한 자세를 가져야 한다.

크다고 생각되는 것은 잘 챙기고, 작다고 생각되는 걸 무시하다 낭패를 당하는 일이 종종 발생한다. 별 볼일 없는 일들 중에 엄청난 행운과 복을 가져다주는 경우가 의외로 많다.

한 어부가 바닷가에서 큰 돌을 가져와서 정원 한쪽에 놓고 살았다. 가족들은 마당에 있는 그 돌이 커서 불편하다고만 여겼지

천년을 산다는
느티나무의 크기는
보통 25M.
하지만 씨앗은
겨우 4mm…
잊지 마시라!
위대한 성취도
작은 일에서
시작되느니!

어떤 돌인지 별 관심을 두지 않았다. 그런데 수십 년이 지난 뒤 그 돌은 값어치를 매길 수 없을 정도로 비싼 원석이었다는 사실이 밝혀졌다.

  작은 일에도 최선을 다하고, 정성스럽게 하면 큰일이 되고, 그 작은 일로 운수대통할 수 있다. 마치 작은 사과 씨앗 하나가 그 안에 수백 수천 개의 사과를 품고 있는 것처럼 말이다.

중용 23장에 "정성스럽게 되면 겉에 배어나고, 겉에 배어나면 겉으로 드러나고, 겉으로 드러나면 이내 밝아지고, 밝아지면 남을 감동시키면, 남을 감동시키면 이내 변하게 되고, 변하면 생육된다"라고 했다. 오직 세상에서 지극 정성을 다하는 사람만이 자신과 세상을 변하게 할 수 있는 것이다.

작은 일에 최선을 다하면, 큰 뜻을 이룰 수 있고 결국 세상을 변화시킬 수 있다는 중용 23장의 메시지는 시대를 뛰어넘어 모든 이들에게 큰 공감을 준다.

다 잘하는 천재와
한 가지만 잘하는 둔재

　학창 시절 항상 전교 1등을 하던 친구가 있었다. 우수한 성적으로 서울대를 입학하고 세상을 바꿀 꿈으로 졸업했지만, 생활비를 걱정하며 사는 월급쟁이 교수로 평범하게 살아가고 있다. 그 친구는 천재란 소릴 들었으나 지금 되돌아보니 그냥 공부를 잘하는 수재였던 것 같다.

　천재는 보통 사람에 비해 매우 뛰어난 창조성과 생산성을 선천적으로 발휘하는 사람이다. 반면 수재는 타고난 재능이 빼어난 사람이다. 당나라 때는 과거 시험에 응시하는 사람을 수재라 불렀고, 원나라 때부터는 서생이나 글공부하는 사람을 가리키는 일반적인 호칭으로, 공부 잘하는 사람을 칭하는 말로 사용하였다.

　아무리 똑똑하고 공부 잘하는 사람이라도 자기가 가진 힘을 여러 곳에 분산하면 그 어떤 것도 성취할 수 없다. 집중력이 깨져 뭐하나도 제대로 하지 못해 실패하는 것이다. 그러나 그다지 잘하는 게 없는 사람이라도 자신이 가진 하나의 욕구에 힘을 집중해서 노

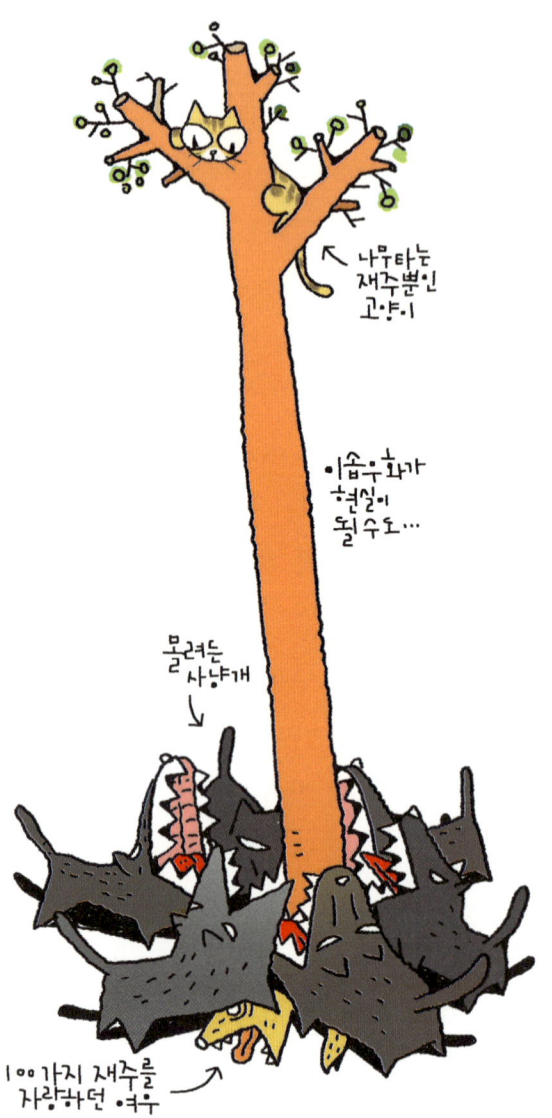

력한다면 자신의 꿈을 이룰 수 있다. 다시 말해 집중력 있는 저력이 관건이다.

영화 〈포레스트 검프〉의 주인공인 포레스트는 아이큐 75의 저능아이자 다리까지 불편하다. 하지만 그의 엄마는 아들의 걸음걸이를 바로잡으려는 노력은 기울이지만 그의 지능을 바로잡기 위해서는 어떤 시도도 하지 않는다. '바보니까 바보처럼 행동하는 거지'가 그녀의 모토였다.

어느 날 포레스트는 자신을 괴롭히는 아이들을 만나자, "위험할 때는 무조건 뛰어라"는 여자 친구의 말을 떠올리곤 열심히 도망치다 자신이 빨리 달릴 수 있다는 사실을 알게 되었다. 이후 미식축구 선수가 되어 인기를 누리고, 베트남전에 참전해 사경에 처한 전우를 구해 전쟁영웅이 되고, 새우잡이 사업으로 부자가 되고, 애플 컴퓨터에 투자해 큰돈을 번다.

포레스트는 분명 지능이 뛰어난 사람은 아니지만, 한 번에 한 가지에만 집중한 덕분에 이런 놀라운 결과를 얻었다. 물론 현실에서 이런 일이 일어나기란 거의 불가능하다. 하지만 우리는 포레스트를 통해 선택과 집중력이 얼마나 중요한지 새삼 깨달을 수 있다.

전 세계에서 가장 큰 전자상거래 업체 알리바바의 창업자인 마윈은 한 강연회에서 '포레스트 검프'를 거론하면서 다음과 같이 말했다.

"처음부터 고래잡이를 꿈꿔서는 돈을 못 번다. 하지만 포레스트

검프처럼 새우잡이의 꿈을 꾸준히 지키면 돈을 벌 수 있다."

   요즘 시대는 무엇이든 하나만 잘해도 성공하는 시대다. 산만하게 이것저것 기웃거리지 말고, 선택과 집중으로 한 가지에 모든 에너지를 쏟아 붓는 둔재 같은 천재성이 필요하다. 그러한 지혜가 이 험난한 저성장 경기불황 시대를 현명하게 이겨나가는 힘이 될 것이다.

눈 가리고
아웅 하지 마라

금방 드러날 어설픈 거짓 행동으로 남을 속이려 하는 것을 가리켜 "눈 가리고 아웅 한다"라고 말한다. 자신이 잘못을 저질러놓고도 마치 자신이 한 짓이 아니라 고양이가 한 짓인양 상대방을 속이려는 아주 얄팍한 행동이다.

눈을 가리고 아무리 고양이 울음소리를 흉내 낸들 결코 '고양이'가 될 수는 없다. 상대방은 고양이가 아니라는 것을 알면서도 속아주는 것이다.

예전에 한 TV 프로그램에서 개그맨의 애환에 대한 이야기가 나온 적이 있었다. 울다가도 누가 보면 웃어야 하고, 자식이 다쳤는데도 사람들을 웃겨야 하는 운명을 그들은 직업병이라고 말했다. 개그맨뿐만 아니라 감정노동을 하는 현대인들은 다들 이와 비슷한 행동을 하지 않을까 싶다.

예로 간에 병이 생기면 시력이 안 좋아져서 앞이 안 보이고, 신장에 병이 들면 부종이 오고 귀가 들리지 않는다고 했다. 처음엔

자기 몸에 병이 있는 줄 모르고 산다. 하지만 결국에는 볼 수 있는 곳에서 증세가 드러나 죽음을 맞이하게 된다. 영원히 감추거나 속일 수 있는 건 없다.

앞에서만 잘하는 사람은 언젠가는 본색을 드러낸다. 그런 사람은 마치 암처럼 서서히 나를 죽인다. 잘못된 것을 알고 제거하려면 이미 때를 놓쳐서 진즉에 제거하지 못한 걸 후회하게 된다.

남들 안 볼 때 잘하는 사람이 진짜 내 사람이란 걸 알아야 한다. 지금 주변을 둘러봐라. 옆에 있는 사람들 중 진정성이 없는 사람들을 진중하게 골라내야 한다. 물론 골라내지 않더라도 거짓된 사람들은 어떤 형태로든 밝혀지게 마련이다.

남들에게 인정받고 진정성 있는 사람이 되려면 뒤에서 죄를 짓지 말아야 한다. 욕을 하더라도 앞에서 해야 한다. 남의 눈을 의식해서가 아니라 혼자 있을 때 스스로 잘하는 사람이 자신과의 약속을 지킬 줄 아는 사람이고, 누구 앞에서나 당당한 사람이다. 이런 사람이 성공할 가능성이 크다. 그리고 이런 사람과 함께 일해야 나 역시 더 성장할 수 있다.

오늘의 시간은
오늘 다 사용하자

생명이 15분밖에 남지 않은 한 젊은이를 주인공으로 한 〈단지 15분〉이라는 연극이 있다. 주인공은 어려서부터 총명했다. 뛰어난 성적으로 박사 과정을 수료하고 논문 심사에서도 극찬을 받았다. 이제 학위 받을 날짜만 기다리면 되는 상황이었다. 그의 앞날은 장밋빛 그 자체였다.

그러던 어느 날, 그는 가슴에 심한 통증을 느꼈다. 정밀 검사 결과 청천벽력 같은 진단이 떨어졌다. 시한부 인생이라는 것이다. 그는 망연자실했다. 게다가 살아 있을 수 있는 시간은 단지 15분.

이 모든 상황이 믿기지 않았다. 그렇게 5분이 지나갔다. 이제 남아 있는 인생은 10분이었다. 이때 그가 누워 있는 병실로 한 통의 전보가 날아들었다.

"억만장자였던 당신 삼촌이 방금 돌아가셨습니다. 그의 재산을 상속할 사람은 당신뿐이니 속히 상속 절차를 밟아주십시오."

그러나 죽음을 앞둔 그에게 재산은 아무 소용없었다. 운명의 시간은 또다시 줄어들었다.

그때 또 한 통의 전보가 도착했다.

"당신의 박사 학위 논문이 올해의 최우수 논문상을 받게 된 것을 알려드립니다. 축하합니다."

이 축하 전보도 그에게는 전혀 위안이 되지 않았다. 그리고 다시 절망에 빠졌다.

그때 그에게 세 번째 전보가 날아왔다.

그토록 애타게 기다리던 연인으로부터 온 결혼 승낙이었지만 그 전보도 그의 시계를 멈추게 할 수 없었다.

마침내 15분이 다 지나고 그는 숨을 거두었다.

15분이라는 짧은 삶을 그린 이 연극은 한 인간의 삶을 15분이라는 시간으로 응축시켜 보여준다. 15분의 짧은 삶을 산 청년의 모습은 세상 모든 사람들의 인생과 비슷하지 않을까 싶다.

성공하기 위해 20년간 정신없이 살다 보니 어느새 중년의 나이가 되었다. 20년을 열심히 살았을 뿐인데 사람들은 나를 중년의 나이라고 규정짓는다. 3시간 걸려 요리를 하고, 취업을 준비하는 데 2년이 걸려도 나이랑은 연관시키지 않는데, 성공하기 위해 수십 년을 사용했을 뿐인 내 나이를 숫자로 규정지어버린다.

스무 살 열정으로 수십 년을 하루같이 한결같은 마음으로 정성을 들인 것밖에 없는데 아직도 내 나이는 20대인 듯한데, 어느새 흰머리가 눈에 띄게 늘어나고, 몸은 점점 노화되고, 인생의 진정한 의미를 깨달을 중년의 나이에 들어서면서 일할 시간이 얼마 남지 않았다는 사실을 느낀다.

　지금에 와서 '좀 더 노력할걸'이라고 아무리 후회한들 무슨 소용이 있겠는가? 강물처럼 흘러가는 시간을 막을 수도 없고 되돌릴 수도 없다. 잡는다고 잡히지도 않는다. 1개월이 훅 지나갔다고 생각하지 않고, 아직도 11개월이나 남았다고 긍정적으로 생각하려 하지만 시간은 쏜살같이 흘러간다.

　그런데 항상 시간이 부족하다고 투덜대면서 시간이 무한정 많은 것처럼 여유를 부리는 사람도 있다. 혹시 시간을 휴지처럼 헛되이 버리는 건 아닌지. 양초가 타들어가는 것처럼 시간은 우리의 생명줄이므로 소중히 사용해야 한다.

　미국에서, 죽음을 앞둔 백여 명의 사람을 인터뷰했더니 "이렇게

살다 죽을 줄 알았다면 뭐든 해볼걸……"이라며 아쉬움이 큰 후회의 말을 남겼다고 한다. 평생 죽지 않고 살 거라고 믿었던 사람들의 마지막 후회다.

시간은 우리에게 무한정 베풀어지는 것도 아니고, 안 쓴다고 나중에 다시 쓸 수도 없다. 시간은 보관되거나 축적되지 않는다. 그냥 지나가버린다. 남에게 빌려 쓸 수도 없다. 오늘의 시간은 오늘 아낌없이 모두 사용하자.

버려야
산다

난 이사를 하거나 새로운 일을 하면 그동안 쓰던 물건을 싹 버리고 다시 장만하는 습관이 있다. 버리려니 아깝고 가져가자니 짐이 되는 건 어쩔 수 없다. 아깝긴 한데, 버려야 일상생활이 바뀐다.

방과 복도까지 발 디딜 틈이 없을 정도로 물건을 사들이는 사람들이 있다. 베란다에 가득, 안방에 가득, 거실에 가득, 벽장에 가득 어떻게 저 많은 물건들이 들어 있지 싶을 정도다. 의자, 책상, 냉장고, 세탁기, 소파, 침대, 옷장 등 살아갈수록 살림살이가 늘어나 집 안이 복잡해진다. 비싼 돈을 들여 힘들게 장만했는데, 필요한 최소한의 물건만 남기고 다 버릴 수 있을까?

버려야 빈 공간이 생겨 제대로 된 수납이 가능하고, 버려야 집 안이 가벼워진다. 답답하게 꽉 차서 옷이 넘쳤던 옷장 안을 비워야 깔끔하게 정리가 되고, 싱크대에 넘쳐나던 그릇들도 버려야 부엌이 정리가 된다. 특히 살 빠지면 입으려고 미리 사둔 옷, 결혼식 때 입었던 추억 때문에 버리지 못한 옷, 유행 지난 양복, 언젠가는 한

번 입겠지 하고 옷장에 모셔둔 옷만 버려도 집 안이 넓어진다.

집 안만 가벼워지는 게 아니다. 버려야 사는 모양새가 달라진다. 정리 정돈을 함으로써 과거를 매듭짓고 인생을 바꿀 수 있다. 물건을 버리면서 해묵은 삶의 문제가 함께 해결되기 때문이다. 또한 귀중한 것을 정말 귀중하게 여길 수 있는 환경이 만들어진다.

쓸데없는 물건들을 버리고 나면 걱정도 줄어들고 마음이 많이 홀가분해진다. 안 쓰던 물건을 버린 것만으로도 삶의 여유가 생기고 조금은 자유로워진다.

일본에는 버리는 걸 잘 못하는 사람들을 위해 대신 버려주는 직업까지 등장했다. 고베 대지진과 쓰나미 등으로 순식간에 가족과 삶의 터전을 잃은 사람들을 대신해 고인을 물건을 버려주는 정리업이 생겨난 것이다. 고인의 물건에 대한 집착을 끊고 버려야 마음과 생활이 안정되어진다는 의미에서 비롯된 직업이다.

그렇다면 물건을 어떻게 버려야 할까?

일단 모조리 바닥에 펼쳐놓고, 버릴 물건을 골라내자. 버릴 물건, 고쳐서 쓸 물건, 남에게 줄 물건 등 다양하지만 막상 버리려고 하다가 또 쓸 것 같아서 다시 집어넣는 경우가 허다하다. 처음에는 뭘 버려야 할지조차 모른다. 하지만 수시로 버리다 보면 꼭 필요한 물건들만 남기고 나머지는 과감하게 버리는 기준이 만들어지고 물건을 사는 원칙이 세워진다.

시간이 날 때 하겠다고 생각하면 안 된다. 늘 바쁘게 살다 보면 정리할 수 있는 시간적 여유가 없다. 정리를 습관화할 수 있는 가장 좋은 방법은 규칙을 정하는 것이다.

일정한 시간과 그 시간에 할 수 있는 규칙을 가지고 정리하면 사는 방식이 달라진다. 일주일에 한 번 분리수거일마다 한 개씩 버리는 습관을 들이는 것도 방법이다. 그러다 보면 삶의 무게도 그만큼 줄어든다. 다시 한 번 강조하지만 물건에 대한 집착을 버리면 집 안이 가벼워지고, 마음도 가벼워진다.

돈과 계급으로 병드는
빗장사회

　유사한 취향과 성격을 지니고 대화까지 잘되는 나와 비슷한 사람과 함께 어울리는 것은 생각만으로도 행복하다. 그리고 목표 지향점이 같고 다 함께 성취해야 할 꿈을 가진 동료가 있고 그들과 동고동락하면서 꿈을 위해 함께 일한다면 인생이 얼마나 기쁘고 행복할까! 더구나 기쁨도 반, 슬픔도 반으로 나눌 수 있는 있는 사람이 주변에 있다면 그것 자체가 복이다.
　그런데 요즘은 특별한 계층끼리만 모일 수 있도록 빗장을 걸어 잠그는 '빗장사회'가 형성되고 있다. 불청객이 자기 집 안으로 들어오는 것을 막기 위해 대문을 걸어 잠그는 것과 비슷하다고 해서 생긴 말이다.

한 결혼 정보회사는 가입비 1억 원짜리끼리, 명문대 출신끼리, 집안 재산 1천억 원대 이상끼리의 만남을 주선한다고 한다. 한마디로 유유상종이다. 끼리끼리 놀아보겠다는 것이다.

재력을 잣대로 담을 둘러치고 돈 없는 사람들이 자기네 영역으로 들어올까 봐 대문에 빗장을 걸어 잠그는 이런 문화가 나라를 병들게 한다. 자기네와 다른 부류의 사람들은 아예 건들지도 쳐다보지도 않는 사회가 되고 있다. '똥이 겁나서 피하냐 더러워서 피하지'라는 식이다.

사회적 계급은 어쩔 수 없는 사회 현상이라고 생각할 수 있지만, 그런 계급으로 인간성이 재평가받고 기회조차 박탈당하는 현 작태는 심히 염려스럽다.

사회가 돈으로 병들고 계급으로 병들면서 계급 불평등이 고착화되고 있다. 우리나라는 혈연이 너무 강해서 그런지 상속형 부자가 많지만, 외국에는 자수성가형 부자가 70퍼센트 이상이다. 게다가 기부 문화가 잘 형성되어 있어 부를 상속하기보다는 사회 환원을 많이 한다. 이에 반해 우리나라에서는 부자들의 기부나 사회 환원 사례를 찾아보기 힘들다.

대학생들은 졸업과 동시에 5천만 원이나 되는 빚을 떠안게 된다는 통계도 있다. 대학에서는 학업에 매진하고, 졸업 후에는 자신의 능력을 발휘할 일자리를 찾아야 하는데, 전혀 그렇지 못한 게 현실이다. 젊은 친구들이 균등한 학업 기회와 공정한 경쟁으로 능력을 발휘할 수 있도록 국가가 책임지고 보장하는 그날이 하루 빨리 오길 기대한다.

앞으로 빗장사회는 더욱 가속화될 것이다. 빗장을 걸어 잠그고 그 속에 사는 사람들이 빗장을 열고 그들의 재력과 능력을 넉넉하게 베푸는 좀 더 따뜻한 사회가 되길 기대해본다.

흙수저를
금도금이라도 하자

　조선시대에는 양반과 상놈의 신분이 대물림되는 계급사회였다면, 오늘날은 재력으로 계급이 구분되는 사회다. 6·25전쟁 속에서 황폐해진 경제와 사회를 일궈내고, 한강의 기적을 통해 우리나라를 경제 강국으로 만든 주역은 지금의 60~70대들이다. 이들의 2세, 3세들이 성장하면서 최근 들어 이들을 '금수저'라 일컫는다. 마치 양반과 상놈으로 신분을 구분하듯 '금수저와 흙수저'라는 새로운 계급이 생겨난 것이다.
　재력가 부모 아래에서 금수저를 물고 태어난 행운아들은 탄탄대로를 걷지만, 평범한 부모 아래에서 흙수저를 물고 태어난 이들은 '헬조선'이라는 말이 나타내듯 지옥 같은 팍팍한 삶을 살고 있다.
　신분이 대물림되는 게 아니라 부와 가난이 대물림되는 사회에 살다 보니, 흙수저들은 아무리 열심히 발버둥을 쳐도 자신이 처한 현실에서 벗어나기가 힘들다. 취업을 하기도 어렵지만, 운 좋게 취업을 하더라도 또 다른 흙수저들과 경쟁하며 열정 페이를 강요받

고 노동력을 착취당한다. 심지어 자신과 처지가 비슷한 흙수저가 아닌 금수저를 만나야 고생도 안 하고 인생이 바뀐다고 생각하는 사람들도 있다.

  금수저들은 능력 있는 부모의 성공 DNA를 가지고 태어나 성취하는 기질도 다르고, 부모의 부를 이어받기 위해서 자기 계발을 꾸준히 한다. 게다가 재력이 있으니 할 수 있는 것도 많다.

물론 금수저를 물고 태어난 이들은 스스로 노력해서 얻은 땀의 금이 아니라 좋은 부모를 만나서 얻은 금이기 때문에 그들은 사회적 책임을 다하기보다는 자신이 승계한 부를 꽉 움켜쥐고 빗장사회를 더욱 견고하게 만드는 데 일조하고 있으니 비난을 받을 수도 있다. 하지만 이건 사회문제지 그들 자체의 문제가 아니다.

부와 가난이 대물림되면서 개천에서 용 나는 시대가 지났다고들 하지만, 이럴 때일수록 자신을 더욱 갈고닦아야 한다. 금수저로 태어나지 못한 자신의 신세를 한탄하며, 금수저들을 비난한들 무엇이 달라지겠는가?

나도 흙수저로 태어났지만 세상 탓이나 부모 탓을 하지는 않았다. 사실 너무 바빠 탓할 시간도 없었다. 그럴수록 더 열심히 더 바삐 움직이며 살았다. 세상이 어떻게 변하든 나만의 뚜렷한 정신과 확고한 목표를 가지고 내가 추구하는 '정도의 길'을 걸으면 된다.

주변 상황에 휘둘리지 말고 큰 걸음으로 성큼성큼 앞만 보고 걸어가자. 성공하고 싶고 인생을 바꾸고 싶다면 자신의 능력을 계발해 흙수저를 금도금해보는 건 어떨까. 끊임없이 노력하다 보면 언젠가는 금수저를 뛰어넘을 능력이 생길 것이다.

감사하는 마음은
자신에게 주는 선물이다

　요즘 사람들은 다들 자기중심적이고 받는 것에 익숙해서 다른 사람에게 감사의 마음을 잘 표현하지 않는다. 사랑한다는 것도 표현해야 상대가 알 듯이, 감사하는 마음도 표현해야 상대에게 그 마음이 전달될 수 있다.
　감사하는 마음을 표현하는 것은 상대에게 더 잘 보이려고 하는 아부가 아니다. 상대에 대한 예의이자, 인덕(人德)을 기르는 행위다. 인덕은 다른 사람으로부터 도움을 많이 받을 수 있는 복을 이른다.
　매사에 감사하는 마음으로 살면 감사할 일이 더 많이 생긴다. 감사하는 마음과 감사하는 행동은, 자신이 던진 부메랑이 다시 자신에게 돌아오는 것처럼 결국 자신에게 돌아오게 마련이다.
　요즘에는 '내가 진짜 성공을 하긴 했나 보네'라는 생각이 들 정도로 내게 돈을 빌려달라는 사람들이 많아졌다. 숫제 거저 달라는 사람도 있고, 빌려가서는 나 몰라라 하는 사람도 있다. 갚지 못한 것에 대해 한마디 사과조차 없이 슬쩍 넘어간다. 인격이 의심스럽지만 참는다. 왜냐고? 닦달을 한다고 돈이 나올 것 같지도 않아 괜히 마음 상하기 싫어서다.

사실 그보다는 내 주변 사람들 덕분에 내가 이만큼 성장하고 잘 될 수 있었다고 항상 고마워하는 마음을 갖고 있으므로 내가 조금 손해보는 편이 오히려 마음이 편하기 때문이다.

남에게 감사의 마음을 많이 가질수록, 내 마음속에 나쁜 감정이 없어지고 원한이나 미움도 사라진다. 그만큼 마음도 편해지므로 나는 고맙고 또 고맙다는 표현을 자주 한다.

끼니를 걱정했던 힘든 시절에도 나는 지인들에게 돈을 빌린 적이 없다. 밥 한 그릇을 얻어먹어도 밥값을 하려고 노력했다. 단지 '감사합니다'는 말로 끝내지 않고 감사의 마음을 전하기 위해 더 겸손한 자세로 더 열심히 최선을 다해 일했다.

내가 열심히 성실히 사는 이유는 사람들에게 피해 안 주고 내 할 일을 하면서 날 도와준 분들께 항상 감사해할 수 있고, 나도 그들에게 도움을 줄 수 있는 능력을 갖고 싶기 때문이다. 그런데 놀랍게도 직원들이나 지인들에게 감사해하면 할수록 감사할 일이 점점 더 많아졌다.

이런 신기한 경험을 하면서 감사하는 마음은 타인을 위한 것이라기보다 나를 위한 선물이란 걸 깨닫게 되었다. 지금 당장 누군가에게 감사의 마음을 전해보자. 좋은 일이 찾아올 것이다.

2부
위기를 기회로 만들기

위기를 기회로 만드는 힘

일이 술술 잘 풀려나가거나 하는 일마다 잘 될 때에는 행운의 여신이 자신의 편에 서서 도와주므로 불행은 다른 사람들의 이야기라고 생각하기 쉽다. 그래서 앞으로 다가올 위기에 전혀 대비하지 않을 뿐만 아니라 자신의 문제점도 인지하지 못한다.

하지만 인생은 롤러코스터 같아서 올라가면 내려갈 준비를 하고 내려가면 올라갈 준비를 해야 한다. 성공을 만끽하는 절정의 순간에 내리막길을 치닫는 엄청난 위기가 찾아온다.

돈 잘 벌고 승승장구할수록 '늘 한결같은 마음으로' 최선의 노력을 다해야 한다. 그것이 불행을 이기는 힘이요, 위기를 극복하는 힘이다.

나는 언제 찾아올지 모를 위기를 잘 극복할 수 있도록 항상 준비를 한다. 그동안 살아온 내 인생 자체가 살얼음판이어서 그런지,

다른 사람에 비해 생존 훈련이 잘되어 있다. 그래서 어떤 악조건 속에서도 꿋꿋하게 견뎌낸다. 경기침체로 다들 힘들어할 때 우리 회사는 더 많이 성장했다. 심지어 국가 부도로 수많은 회사가 문을 닫고 실업자가 속출하던 IMF 때도 성장했다.

사실 내가 하고 있는 사업은 경기가 좋다고 해서 특별히 혜택을 볼 만한 일이 아니라서, 오히려 경기가 나쁜 게 더 낫다고 생각한 적도 있다. 남들에겐 위기지만 내겐 오히려 성장할 수 있는 기회이기 때문이다.

그래서 위기가 닥치면 또 어떤 행운이 내게 올려나 하는 기대감으로 그 시기를 행복하게 견뎌낸다.

마치 위기는 살아 움직이는 생명체 같아서, 늘 기회라는 큰 후견인과 함께 움직이는 듯하다. 기회 역시 마찬가지다. 절대 혼자 움직이지 않고 위기랑 같이 다닌다.

기회가 왔을 때는 항상 위기를 의식하고, 위기가 왔을 때는 항상 기회를 의식해야 한다. 기회가 왔을 때 자만하거나 거만하게 행동하지 말아야 하고, 위기가 왔을 때 절대 겁내거나 주눅 들지 말아야 한다.

적당한 빚은
삶의 에너지다

　가정 형편이 너무 어려워 나는 고등학교를 졸업한 뒤 대학 진학을 포기하고 생활 전선에 뛰어들었다. 하지만 고졸인 데다 기술도 경험도 없어 취업하기가 힘들었다. 그래서 먹고살기 위해 이것저것 여러 가지 일들을 벌였는데, 그것들이 지금 하고 있는 사업의 토대가 되었다.

　당시에는 너무 어려서 어디 가서 돈을 빌리거나 사업자금을 투자 받는 방법도 몰라 내게 쏟아지는 시련을 온몸으로 받았다.

　부모님에게 손을 벌리지도 못했다. 돈을 보태줄 형편도 못되었지만, 부모님에게 짐을 지울 수는 없었다. "빚 물어달라는 자식은 낳지도 말라"는 속담이 있다. 자식을 낳아서 기르는 것만 해도 큰일인데 빚까지 물어달라는 것은 큰 불효일 뿐 아니라 사람 노릇도 제대로 하지 못하는 자식이라는 의미인 듯하다.

　사업을 하며 살아남기 위해 혹독한 시간과 싸우다 보니, 뛰어난 사업 아이디어나 탁월한 제품으로 사업자금을 유치하거나 은행

대출 등으로 창업하는 사람들이 있다는 사실을 알게 되었다. 그러면서 나 또한 서서히 은행 빚을 지게 되었다.

처음에는 얼른 갚아야 한다는 생각에 엄청난 스트레스에 시달렸지만, 한편으론 빚을 갚기 위해 더욱 열심히 일하는 나를 발견할 수 있었다. 빚이 나를 견디게 해주는 삶의 에너지가 되었던 것이다.

빚 때문에 자살이라는 극단적인 선택을 하는 사람도 있는데, '빚이 삶의 에너지'라니 말도 안 되는 소리로 들릴 것이다.

빚이란 게 내가 필요해서 빌린 건데 나쁘다고만 단정 지을 수는 없다. 급전이 필요할 때 요긴하게 사용하면 숨통이 트이고, 선순환 투자를 위한 빚은 더 큰 수익을 가져다주기도 한다.

나는 45세라는 늦은 나이에 대학에 진학했다. 대학 졸업장이 굳이 필요한 것은 아니었지만, 사는 게 너무 힘들어 학업을 포기한 것이 계속 마음에 걸렸고, 또 다른 도전을 하고 싶었기 때문이다. 아마도 20대 초반에 돈을 빌릴 줄 아는 융통성이 있었더라면 아무리 사는 게 어렵더라도 빚을 내서라도 학업을 중단하지 않았을 것이다.

하지만 분명한 사실은 스스로 감당하기 힘들 만큼 빚을 내면 위험하다는 것이다. 빚을 갚지 못해 빚으로 빚을 갚는 경우도 허다하다. 일명 '돌려막기'다. 이런 악순환의 고리를 잘라내야 하는데 쉽지가 않다. 시간이 지날수록 더 깊은 늪에 빠진다. 구체적인 계획 없이 될 대로 되란 식으로 대충 사는 사람들에게는 더 위험하다.

때론 달릴 수밖에 없어서 달리는 게 멈춰 있는 것보다 나을 때가 있다는 것!

예전에는 의식주, 즉 입고 먹고 집을 사기 위해 빚을 내는 게 대부분이었다. 요즘은 학자금, 유흥비, 여행 경비, 자동차 구입비, 심지어 성형 비용까지 다양한 이유로 빚을 진다. 계획 없이 기분 내키는 순간, 내일 일은 내일 고민하자며 무분별하게 긁어대면 대출 인생이 시작된다. 갚아야 할 돈의 일부만 갚고 뒤로 미룰 수 있는 리볼빙 서비스까지 있으니 방탕한 소비에 이보다 더 좋을 수 없다.

어떤 경우든 돈에 대한 가치관을 정립하기 전에 빚을 지면 평생 동안 모을 수 있는 자산의 규모가 크게 줄어드는 것은 물론이고, 평생 빚의 노예, 돈의 노예로 살게 될 수도 있다.

그래서 상사가 마음에 안 들어도 직장에 다니기 싫어도 궂은 일을 마다하지 않는 사람들이 생긴다. 빚이 만들어주는 '노동 에너지'다. 빚 때문에 어쩔 수 없이 일하고, 겸손해지는 것이다. 하지만 빚 때문에 고통받진 말자. 빚을 좌절과 포기의 원인이 아닌 삶의 에너지라 생각하며 살자.

나 또한 빚더미에 앉아 허우적거린 적이 있었다. 그 경험이 지금의 나를 만들어주었다. 돈이 없어도 당당하게, 빚이 많아도 당당하게, 내일 죽을 것 같더라도 당당하게, 그렇게 빚을 삶의 에너지 삼아 당당하게 열심히 살다 보면 누구 앞에서도 당당한 인생이 만들어질 것이다.

고난과 불행이
성공의 힘이다

　사람은 자기중심적이고 직관적인 동물이라서 남의 고통과 불행은 잘 못 느낀다. 하지만 자신의 몸에 작은 가시 하나라도 박히면 온몸을 둘러싸고 있는 말초신경 하나하나가 촉각을 곤두세우며 예민해진다. 불행이 닥치면 자신을 둘러싼 모든 것들에 분노하고 슬퍼한다. 또한 세상의 모든 불행이 다 내게만 찾아와 되는 일이 하나도 없다고 자포자기한다.
　이런 사람은 처해진 모든 상황이 불리하다고만 생각할 뿐 그런 불행과 고난이 자신의 인생과 운명을 바꿔놓을 수 있는 큰 힘이란 걸 모른다.
　나는 어려서부터 가난하고 힘들게 산 탓에 반드시 성공해서 남 부럽지 않게 살겠다는 의지가 강했다. 나를 감싼 모든 환경이 최악의 조건이라 생각되었기 때문에 생긴 삶의 애착 같은 의지이자 욕구였다.
　그런데 고생길은 끝도 없이 이어졌다. 한 고비 넘으면 또 다른 고비가 기다리고 있었다. 하지만 어차피 피해갈 수 없는 고생이라면 독을 독으로 다스린다는 이독치독(以毒治毒)처럼 고생을 더한 고생으로 다스려 반드시 돌파해내리라 강하게 마음먹었다. 그랬더니 어느 순간부터 고생하면서 힘들게 익힌 경험들이 하나둘 체화되면서 성공의 기반이 다져지기 시작했다.

옛말에 "입에 쓴 약이 몸에 좋다"고 했다. 고생이 내 삶의 진정한 보약이 된 것이다. 어른들이 "젊어서 고생은 사서 한다"는 말을 할 때마다 고생을 밥 먹듯이 하는데, 그딴 말이 무슨 소용이냐며 화가 치밀어올랐다. 하지만 어려운 순간들을 극복하고 나니 진정한 기쁨과 성공은 고생 속에 숨어 있단 걸 깨닫게 되었다.

지금 이 순간 자신이 불행하다고 너무 고달프다고 말하는 사람들에게 나는 자신 있게 말할 수 있다. 불행은 마음을 괴롭히고 몸을 힘들게 하지만, 그것을 잘 참고 견디면 생각 이상의 성공과 기쁨을 가져다준다.

어둠 속에서 작은 불빛이 더 크게 보이고, 사막에서의 물 한 잔의 값어치가 더 커지는 것처럼, 인생의 고통이 더 커질수록 가볍게 여기던 모든 것들이 소중하게 다가올 것이다.

배고픔을 경험해보지 않고는 음식의 소중함을 이해하지 못하듯이, 고난과 불행을 경험해보지 않고는 자기 곁에 있는 행복이 안 보인다. 그래서 놓친다. 없어지고 난 뒤에야 후회한다.

대부분 성공한 사람들은 불행 속에서 행복과 기쁨을 배운다. 그들은 인생의 고난을 꾸준한 노력으로 극복한다. 힘들지만 힘들다고 말하지 않고 묵묵히 그 순간을 이겨내고, 멋진 성공의 열매를 만들어낸다.

성공한 사람 중에 "별 문제 없이 순탄하고 편안하게 살았어"라고 말하는 사람을 본 적이 없다. 비바람 속에서 강한 추위 속에서 견딘 자들이다. 그들은 고통과 고난 속에서 힘겨워하며 살아온 삶의 여정을 좋은 보약이라 여긴다. 그런 과정을 통해 고통과 고난에 대한 내성이 생겨 웬만한 어려움은 가볍게 극복할 수 있다.

하지만 평범하고 순탄하게 살아온 사람은 조금만 힘들면 죽는 소리를 한다. 늘 날씨가 화창한 지역의 농부는 자연재해를 모른다. 그들은 우산도 준비 안 하고 홍수 대비도 하지 않는다. 그러다 어느 날 엄청난 폭우가 쏟아지면 어찌할 바를 몰라 허둥대다 모든 걸 잃은 뒤 하늘만 원망한다.

르네상스시대 회화, 조각, 건축에서 뛰어난 업적을 남긴 미켈란

젤로는 생전에 "남들은 나더러 천재라고 말하지만, 내가 하루에 두세 시간만 자고 이렇게 고생하고 노력하는 걸 안다면 그런 말을 못할 것이다"란 말을 했다.

고생을 잘 다스리면 그 과정을 거치는 동안 놀라운 업적이 만들어지고 기적이 나타난다. 고생 뒤에 낙이 오는 것이다. 요즘 사람들은 고생 뒤에 낙은커녕 병만 생긴다고 투덜거린다. 고생을 아주 싫어한다. 쓰고 떫은 열매가 비바람을 견딘 후에 달콤해지듯, 고생을 견디면 견딜수록 인생이 달콤해진다.

고난과 고생이 자신에게 찾아올 때는 '나는 왜 이렇게 불행한가?'라고 생각하지 말고, 운이 많다고 생각하자. 불행에서 탈출하고자 하는 몸부림이 오히려 성공의 발판이 된다. 고난을 삶의 기회라고 생각하면 성공의 길로 힘찬 발걸음을 내디딜 수 있을 것이다.

생각의 차이가
인생을 바꾼다

아무런 해결책이 보이지 않는 불행과 고통에 처하면 흔히들 자기보다 못한 사람들을 바라보며 위안을 삼으라고 조언한다. 현실의 불행은 바로 눈앞에 있는데, 저 높은 곳에 있는 이상과 꿈만 바라보고 살면 더 크게 좌절하고 절망에 빠진다고 생각하기 때문이다. 그래서 대부분의 사람이 자기보다 낮은 곳을 바라보며 다른 사람과 덜 경쟁하고 편히 살고 싶어 한다.

하지만 이는 아주 위험한 생각이다. 그럴 때일수록 높은 곳을 응시하며 스스로를 채찍질해야 한다. 낮은 곳을 바라보고 살면, 팽이처럼 쉼 없이 이어지는 인생의 가혹한 채찍질을 당하면서 늘 제자리를 맴돌게 된다. 아무런 변화도 생기지 않는다.

외줄타기를 하는 사람들은 절대 아래를 보지 않는다고 한다. 나 역시 인생 외줄에서 두 번 다시 아래를 보지 않겠다는 생각으로 더 고민하고, 더 걷고, 더 달리고, 더 노력하며 나의 역량을 향상시켰다.

현재 위치에서 만족하거나 안주하지 않고, 부족한 분분을 채우면서, 길이 없는 곳에 길을 만드는 개척정신과 도전정신을 가져야 세상을 리드하는 사람이 될 수 있다고 생각했다.

스스로 변하지 않으면 성공은 결코 내게 찾아오지 않는다. 자신이 처한 현실을 직시하고 고민하며 자신이 서 있는 곳보다 더 높은 곳을 올려다봐야 한다. 그러면 몸에 근육이 생기듯 인생에 서서히 지각변동이 생기기 시작한다.

이처럼 생각의 차이가 인생을 바꾸고 미래를 만든다. 회사 업무를 처리할 때도 '내가 사장이라면? 내가 주인이라면?'이라고 생각하고 일하면 시각이 달라져서 일의 완성도가 높아진다. 또한 직원이 아닌 경영자의 관점에서 멀리 길게 내다보는 안목이 생겨 앞으로 성공할 가능성이 훨씬 높아진다.

살다 보면 힘든 날이 있게 마련이다. 불행을 이겨내려면 긍정적으로 생각하고, 앞으로 어떻게 살 것인지 삶의 비전을 가져야 한다. 그래야 불행이 끝없이 이어질 것 같은 상황에 처해도 꿋꿋하게 견딜 수 있다.

한 우울만
깊게 파자

〈토끼와 거북〉 우화를 잠시 들여다보자. 느림보 거북이 날쌘 토끼를 이길 수 있었던 것은 거북의 우직한 걸음걸 덕분이었다. 거북은 단 한 번도 뒷걸음질하지 않았다. 오직 앞만 보고 목표 지점까지 쉼 없이 걸었다. 반면 토끼는 쉴 새 없이 뒤돌아보며 거북의 느린 걸음을 비웃으며 심지어 그늘진 나무 밑에서 잠이 들어버렸다.

한 개의 물방울은 힘이 없지만, 한 방울 한 방울이 한곳에 집중적으로 떨어지면 "낙숫물이 댓돌을 뚫는다"란 속담처럼, 샘물을 만들고, 샘물이 시냇물이 되고, 다시 그 물이 모여 강을 만들고, 그 강물이 바다를 만든다. 거북의 걸음은 느렸지만, 물 한 방울의 힘처럼 지속적으로 꾸준히 걸어 날쌘 토끼를 이기고 결국에는 승자가 될 수 있었다.

거북처럼 부지런히 걷다 보면, 어렵고 꼬인 일도 쉽게 풀린다. 나무와 나무를 열심히 비벼 마침내 불씨를 얻는 것과 같다. 토끼처럼 중간에 이곳저곳 기웃거리면 결코 불씨를 얻지 못한다.

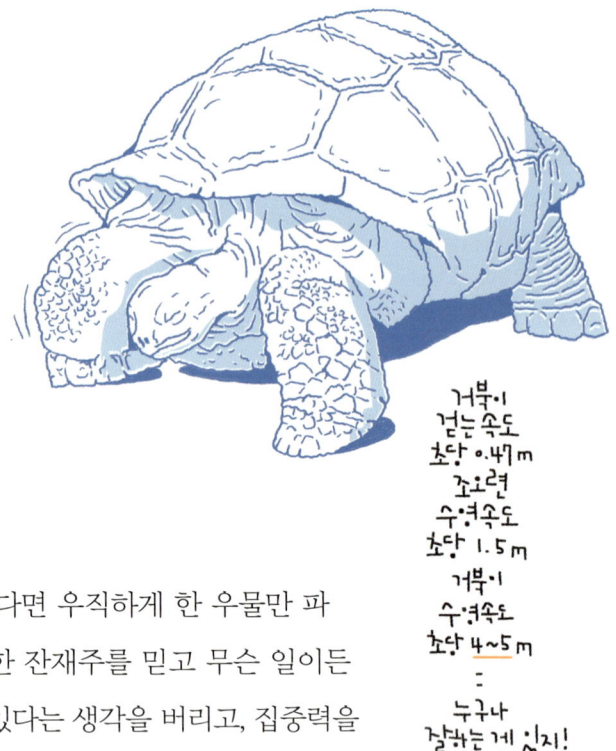

　성공하고 싶다면 우직하게 한 우물만 파야 한다. 얄팍한 잔재주를 믿고 무슨 일이든 하면 잘할 수 있다는 생각을 버리고, 집중력을 한곳에 모아 우직하게 걷다 보면 생각이 강해지고, 그 어떤 싸움에서도 두려움을 모르는 실력을 갖추게 된다.

　옛말에 "하다가 도중에 그만두면 아니 한만 못하다"는 말이 있다. 씨를 뿌렸으면 비가 오나 눈이 오나 자연의 질서에 따라 열심히 가꾸어야 열매가 열린다. '우직한 거북 걸음으로 토끼를 이기다'를 인생철학으로 삼고, 바로 눈앞의 이윤에 목매지 말고, 멀리 내다보고 자신만의 길을 꾸준히 한 걸음 한 걸음 걸어가면 멀게만 느껴졌던 성공이란 목적지에 도착할 것이다.

요즘 사람들은 성질이 급하고 충동적이다. 조금만 힘들거나 마음에 안 들면 금세 포기하거나 방향을 바꾸어버린다. 방황하는 사람들은 마음이 급해져서 더더욱 한곳에 집중하지 못한다. 이들은 게으름을 피우지 않고 하루하루 꾸준한 노력을 기울여 살아가는 법을 모른다. 거저먹으려고 한다. 무슨 일이든 자기가 이루고자 하는 것에 간절한 마음을 담고, 힘을 한곳에 집중하면 언젠가 성공하게 마련인데 이런 점을 간과하고 산다.

우보천리(牛步千里)란 말이 있다. 천 리 길을 소걸음으로 천천히 걸어 가다 보면 언젠가는 도착할 수 있다는 말인데, 성질 급한 사람 눈에는 소의 걸음걸이가 나이 든 사람이 천천히 걷는 것처럼 보여 그 모습을 보고 있노라면 속이 터질 지경이다.

재주 좋은 사람들은 빠른 성공의 유혹에 빠져 천 리 길을 한 번에 가려 한다. 소의 걸음이, 거북의 걸음이 답답해 보여 다들 빠른 길을 찾으려고 하지만, 느린 것이 오히려 빠르다는 진리를 알아야 한다. 누군가 대박 나서 수십 배 돈을 벌었다 할지라도 그것을 부러워할 필요가 없다. 물론 사람인지라 배도 아프고 부럽기도 할 것이다. 하지만 앞도 뒤도 보지 말고 도를 닦는 기분으로 묵묵히 걷다 보면 언젠가는 '자기만의 천 리 길'을 완주할 수 있을 것이다.

불가능한 생각이
만든 성공

　필리프 프티의 《나는 구름 위를 걷는다》를 로버트 저메키스 감독이 각색한 〈하늘을 걷는 남자〉라는 영화를 아는지? 영화 속 주인공인 필립은 지상 110층, 412미터 높이의 월드 트레이드 센터 빌딩을 그 어떤 안전장치도 없이 양쪽 건물에 설치한 밧줄을 밟고서 무려 50여 분 동안 여덟 번이나 왕복한다. 목숨을 건 한판 승부다!
　고작 열일곱 살에 불과한 그가 말도 안 되는 공중곡예를 계획했고, 이 불가능한 계획을 실행에 옮겨 결국 성공했다. 그는 사전 조사를 위해 월드 트레이드 센터를 200번 이상 방문했는데, 조사 기간이 자그만치 6년이었다. 불가능하다고 생각했기 때문에 더욱더 치밀하고 철저하게 준비한 것이다.
　대부분 사람들은 '그 일은 가능하지 않다'라고 생각하기 때문에 실패한다. 하지만 필립은 모두 다 불가능하다는 말에 오히려 더 용기를 내 철저하게 계획하고 과감하게 실행에 옮겨 보란 듯이 성공한다.

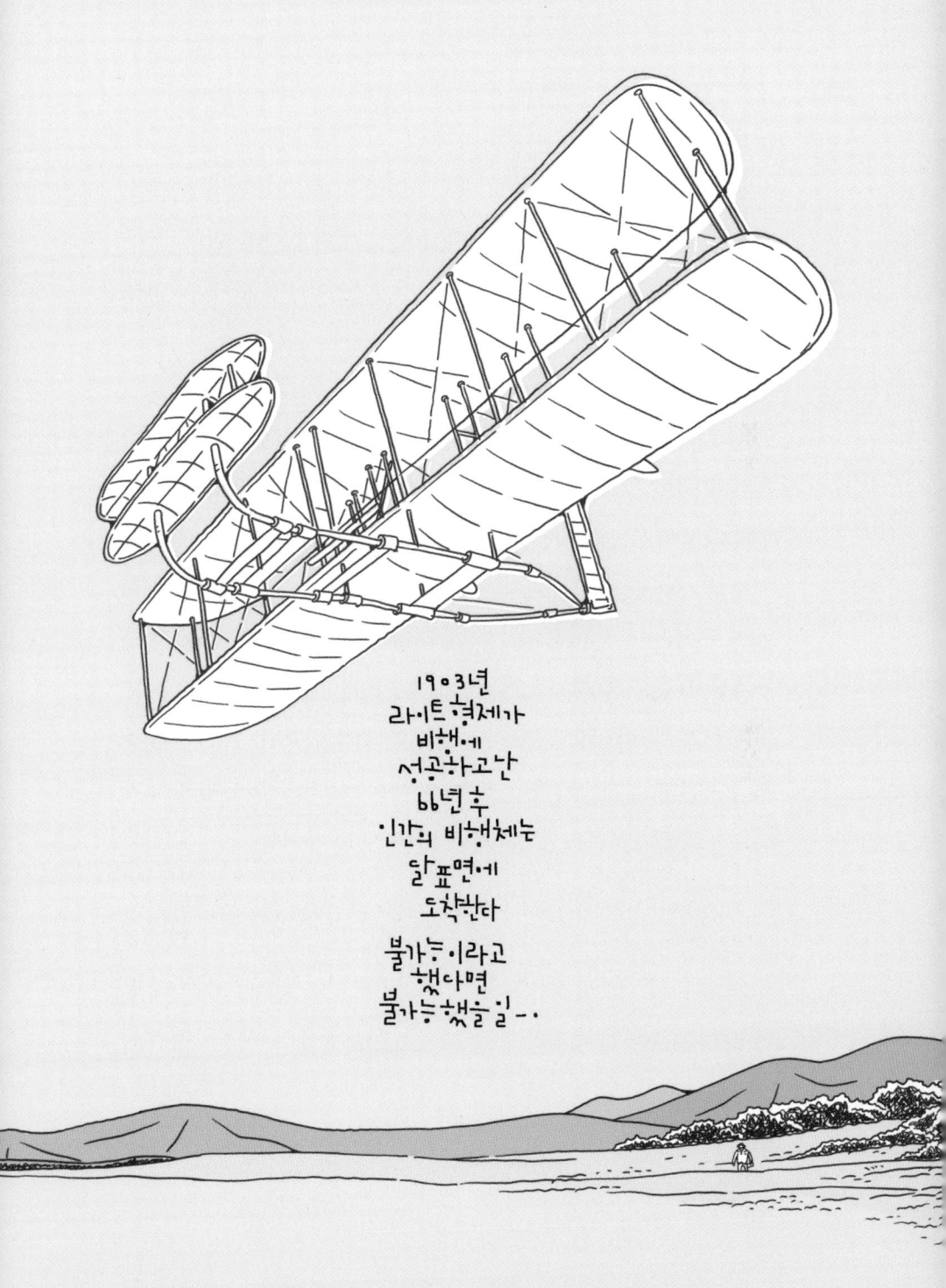

성공을 가로막는 최대의 벽은 불가능하다는 일을 가능하게 만들지 못하는 자신감 없는 모습이다.

어떤 일이 가능하지 않다고 생각한다면 그 생각이 맞을 것이다. 세상은 실패해야 할 이유를 101가지 이상 대며 방해를 한다. 그동안 수많은 사람이 실패했고, 101가지가 넘는 이유가 이미 내 머릿속에 각인되어 있기 때문에, 나도 실패할 것이라고 단정짓기 때문에, 나 또한 실패하게 되는 것이다.

하지만 성공과 실패에는 그 어떤 정답도 없다. 성공 가능성이 있다고 믿는 일이 늘 성공하는 것도 아니고, 반대로 불가능하다고 생각하는 일이 늘 실패하는 것도 아니다.

'세상 사람들은 다 실패해도 난 실패하지 않는다'란 생각이 중요하다. 불가능하다고 생각하고 포기하지 않는다면, 어느 누구보다 성공할 확률이 높아진다. 불가능에 도전하는 불굴의 의지가 성공을 도와주기 때문이다. 하지만 가능성에 대한 지나친 자신감은 경계해야 한다. 불가능하다는 것을 염두에 두고 항상 주의 깊게 생각하고 노력한다면 반드시 승리를 거머쥐게 될 것이다.

성공은
끈기다

끈기는 쉽게 단념하지 않고 뚝심 있게 견디면서 끈질기게 이어 나가는 집념 혹은 힘이다. 그런데 요즘 사람들은 무슨 일을 하든 끈기가 부족하다. 뭐든지 조금 해보고 아니면 바로 접어버린다. 왜 끈기가 부족한 걸까? 아마도 일회성 인스턴트식품과 빠른 인터넷 검색에 길들여진 삶이라서 그러지 않을까 싶다.

우리 조상들은 일 년 내내 먹을 장을 담그기 위해 콩을 심고 키워 메주를 만들고 오랜 시간 발효를 하고 숙성시켰다. 그리고 먹을 게 마땅치 않았던 겨울 찬거리를 위해 정성 들여 김장을 했다. 하지만 요즘은 계절에 상관없이 아무 때나 사 먹을 수 있고, 손쉽게 생필품을 구할 수 있어서 그런지 기다리며 멀리 내다보는 지혜가 부족하다.

편지를 쓰는 것은 이젠 옛말이 되어버렸다. 인터넷으로 모든 게 신속하고 빠르게 처리된다. 기다리는 것은 질색인 시대다. LTE급 이란 말도 기다리는 게 싫은 시대를 대표하는 말이다. 빠른 게 대

세요, 경쟁력이 되어버렸다. 발효와 숙성이란 걸 모른다. 바로바로 즉석에서 되는 걸 좋아한다.

1에 1을 더하지 않고 1에 10을 더하는 시대니 만큼, 요즘 젊은 세대들은 모든 게 빠르다. 기대감도 크고 무슨 일을 해도 대박을 생각하고, 한탕주의를 꿈꾼다. 기다리는 건 딱 질색이다. 성공도 빨라야 한다. 직장 생활도 조금만 안 맞으면 바로 그만둔다.

사실 성공은 1에 0.2를 더하고 1.2에 0.2를 더하는 싸움이다. "로마는 하루아침에 만들어지지 않았다"는 말을 명심하자.

세상이 빨라서 생긴 말일까? 요즘 사람들이 하는 말 중에 '안 되면 말구'라는 말이 있는데, 애절함도 간절함도 소중함도 모르는 말이라 정말 듣기 거북하다. 나는 '안 되면 말구……'라고 말하는 사람은 단 한 번도 도와주거나 관심을 가져본 적이 없다. 안 되면 말겠다는데 무슨 도움이 필요한가? 일하다가도 안 되면 그만둘 사람들이다.

뭔가가 완성되려면 여러 단계를 거치게 마련이다. 맛있는 요리도 각종 재료가 필요하고, 멋진 차도 수많은 부품이 필요하다. 성공도 실패란 부품이 있어야 완성된다. 성공은 수많은 고생과 실패의 점이 이어진 결과다. 밀알이 잘게 부서져야 빵이 되듯이 아픔 없이 희생 없이 새로운 게 탄생할 수 없다.

사람들은 실패 없이 한 번에 성공하길 원한다. 실패를 받아들일 준비가 안 된 상태에서 너무 빠른 성공을 추구하다 보면 뼈아픈

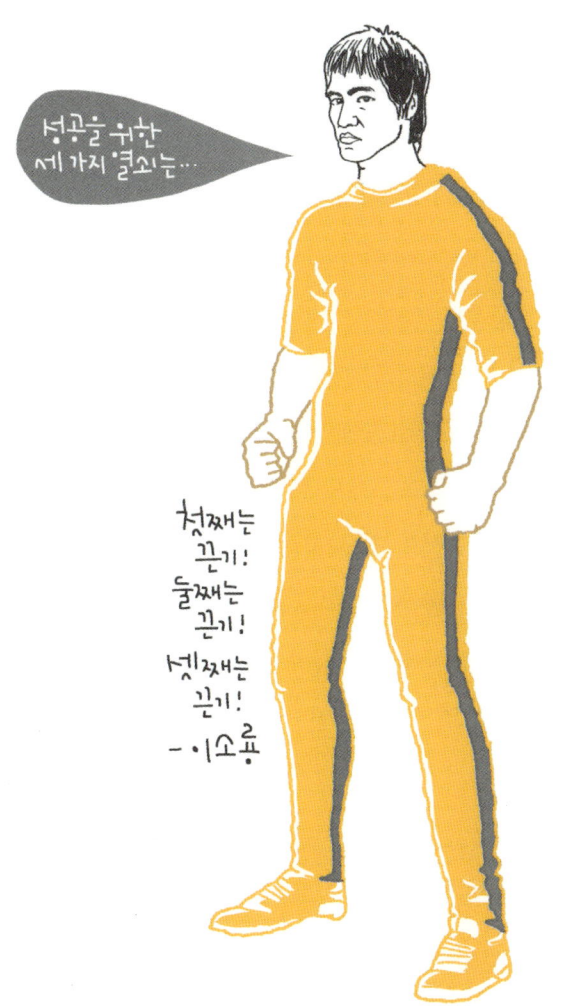

고통을 맛볼 수 있다. 뜸을 제대로 들이지 않으면 설익은 밥을 먹게 되고, 덜 익은 음식을 먹다 괜히 배탈이 날 수 있다.

성공은 젊음과 시간과 땀을 모두 잡아먹어야 탄생하는 엄청난 먹보다. 충분한 시간적 여유를 가지고 피땀을 흘려야 성과도 나오고 결과도 좋다.

숙성되지 않는 음식이 맛없듯이, 성공도 실패란 숙성을 통해서 완성된다. 오히려 빠른 성공이 불행이 되는 경우가 많으니 천천히 경험하면서 성공을 만들어나가자. 아직도 이 모양이냐고 낙심할 필요가 없다. 한 걸음씩 차근차근 걸어가야 비바람에 무너지지 않고, 비에 젖은 낙엽처럼 바람에 날리지 않는다.

실패할지 알면서도 과감하게 도전하는 청춘을 위해 건배하고, 성공을 위해 무한 도전의 길을 걸어가는 모든 사람들에게 축배를 들고 싶다. 하지만 성공하고 싶다고 발걸음을 재촉하지 마라. 실패를 두려워하지 않고 실패를 경험하면서 가는 것이 오히려 더 빨리 성공하는 길이라는 걸 다시 한 번 강조하고 싶다.

될 때까지
끝까지

20대에는 삶에 대한 기반이 전혀 없어서인지 제대로 되는 일이 없었다. 마치 머피의 법칙처럼 멀쩡한 날씨에도 내가 나가면 비가 오고 마른하늘에 날벼락이 내리치곤 했다. 항상 일이 꼬여서 그런지 뒤로 자빠져도 코가 깨지는 재수 없는 놈이 되었다. "정성이 지극하면 돌 위에도 꽃이 핀다"라는 말을 믿고 기적을 꿈꾸며 항상 최선을 다했지만 변하기는커녕 상황은 더 안 좋아지기만 했다.

하지만 다행스럽게도 뭐든 '될 때까지' 하는 악바리 성격이 나를 지켜주었다. 자꾸만 꼬여가는 불행한 인생에서 탈출하려고 포기하지 않고 끝까지 견디다 보니 위기 대처 능력과 고통에 대비하는 방어기제가 생기기 시작했다.

대기업체의 CRO(Chief Risk Officer, 경영위험전문관리임원)들이 지닌 리스크 관리 능력을 스스로 터득하고 배운 것이다. 실패하면 방법을 달리해서라도 또 도전하고 도전했다. 회사가 위기에 처할 때마다 이 능력이 진면목을 발휘했다.

아무리 좋은 능력과 조건을 가지고 있더라도 성공을 이루려면 반드시 시간과 경험이 필요하다는 만고의 진리를 믿었다. 그래서 절대 조급해하지 않고 천천히 나아가면서 결정적인 순간에 승부수를 던지는 방법을 터득했다.

잘 달리는 명마도 단 한 번의 점프로 수십 리를 갈 수는 없다. 천 리를 가려면 한 발자국부터 시작해야 한다. 천하의 명마도 그러한데, 보잘것없는 작은 말로 천 리를 가려면 부지런히 달리고 또 달려야 한다.

노력 없는 성공이 어디 있겠는가? 사는 게 힘들다고 말하는 사람들에게, 인생 성공의 길이 궁금한 사람들에게 "될 때까지 늘 한결같은 마음으로 포기하지 말고, 무슨 일을 시작하든 끝장을 볼 때까지 최선을 다하라"고 말해주고 싶다.

남들은 내가 성공했다고 말하지만 사실 내가 생각하는 성공과는 아직 거리가 멀다. 하지만 성공에 이르는 과정에 조금이라도 근접해 있다면, 그건 무슨 일이든 절대 포기하지 않고 '될 때까지' 도전하고 또 도전했기 때문이다. 실패하면 방법을 바꾸고 또 바꾸어서 계속 도전했다.

나는 지금도 난관에 부닥치거나 위기에 봉착하면 '될 때까지'를 수없이 되뇌며 마인드 컨트롤을 하면서 걸어간다. 7전8기를 두려워하지 마라. 아무리 어설픈 도끼질을 하는 무능한 나무꾼이라도 한결같이 도끼질을 하다 보면 언젠가 나무를 벨 수 있다.

말이
힘이다

양자물리학자들은 인간이 하는 말은 파동과 파장이 강력하여 우리 주변에 존재하는 양자를 움직이고 우주를 움직여 놀라운 것을 보여주는 힘이 있다고 주장한다. 진실로 온 마음을 다해 소망하면 우주가 우리의 소망을 실현시키기 위해 움직이기 시작한다는 믿기 어려운 사실이다.

일례로 사람들은 평균 하루에 5만 가지 생각을 하고 1,000가지 이상의 말을 하는데, 선한 말에는 선의 에너지가 작용하여 좋은 일을 부르고, 악한 말에는 악한 결과를 부른다.

말한 대로 이루어진 대표적인 사례로 피카소와 고흐를 들 수 있다. 두 사람 모두 오늘날 위대한 화가로 추앙받지만, 그들이 살아생전 내뱉었던 말들은 현격한 차이가 난다. 피카소는 긍정적인 말을 수시로 내뱉었고, 고흐는 부정적인 말을 내뱉었다.

피카소는 입버릇처럼 "나는 그림으로 억만장자가 될 것이다" "나는 갑부로 살다가 갑부로 죽을 것이다"라고 말했다. 반면 고흐는 "나는 돈과 인연이 없어" "나는 이렇게 평생 비참하게 살다가 죽을 거야"라고 이야기했다. 자신들이 했던 말처럼 피카소는 삼십대 초반에 유명인사가 되어 억만장자의 삶을 살았고, 고흐는 무명화가, 빈민의 삶을 살다가 비참하게 죽었다.

좋은 생각과 긍정적인 생각으로 정성스럽게 말을 해야 인생이 변하고 발전하는 계기가 된다. 악담하는 엄마의 젖을 먹은 아이는 장애아나 문제아가 되는 경우도 있다고 하니 말을 항상 가려서 해야 한다. 말에는 독이 있다. 전자파가 암을 일으킨다고 하지만, 말의 파동은 전자파보다 3,300배나 더 강력하다고 한다. 밥상에서도 불평하지 말아야 한다. 음식은 하늘이 내려준 생명 유지 물질인데, 말은 음식도 변하게 만든다고 한다.

흥하는 가정은 사용하는 말부터 다르다. 좋은 말을 사용하면 가족과 자녀의 모든 것이 좋아진다. 식물에게도 '사랑한다'는 말을 계속하면 죽어가던 식물도 살아나고, 수돗물을 컵에 담고 '사랑해'라고 계속 말하면 물 분자 구조가 육각수로 성분이 변한다. 두 개의 밀폐 용기에 밥을 한 달간 넣고 한 용기에는 '사랑해'라고 말하고 다른 하나는 그냥 방치해두었더니, '사랑해'라고 말한 밥은 한 달 뒤에 다시 먹을 수 있었지만 방치한 밥은 곰팡이가 생겼다는 실험도 있었다. 그만큼 말의 힘은 강하다.

훌륭한 지도자는 말로 비전을 보여주고, 따르는 사람이 많은 리더의 말에는 힘이 넘쳐난다. 꼭 이루겠다는 의지와 용기가 담겨 있기 때문이다.

불행은 불평 때문에 생겨났다고 한다. 힘들어도 '나는 잘될 거야' 또는 '나는 힘들지 않아'라고 말하면 불행이 점점 멀어져간다고 한다. 그러니 살아가면서 힘들고 괴로워도 불평이나 죽는소리를 하지 말고 늘 긍정적인 말을 하자.

오늘이
제일 중요하다

　살아가면서 과거에 얽매이지 말아야 하는데, 과거는 항상 현재를 지배하려 든다. 실패한 경험, 가난한 기억, 혹은 한때 잘못된 길을 걸어간 경험 등이 현재의 걸림돌이 되는 이유는 과거의 흔적이 쉽게 지워지지 않기 때문이다.

　과거가 어두운 사람들은 미래에 대해 비관적이며, 현재의 삶도 충실히 살 수 없다. 얼굴도 어둡고 자신감도 없어 보이고 말수도 적다. 감추고 싶은 과거에 집착할수록 현실과 미래에는 전혀 도움이 안 된다.

　열등감도 극복하고 가난의 트라우마도 이겨내고 나쁜 길로 갔던 한때의 실수도 잊고 과거의 아픈 기억들도 생각지 말고, 지금 현재만 생각해야 한다. 과거를 못 잊어 신세한탄을 한다고 과거가 바뀌거나 다시 돌아오지 않는다. 잘못된 과거에 빠져 허우적대는 순간 인생이 꼬여버린다.

　장발장은 빵 한 개를 훔친 죄로 평생 마음의 짐을 지고 살아가지

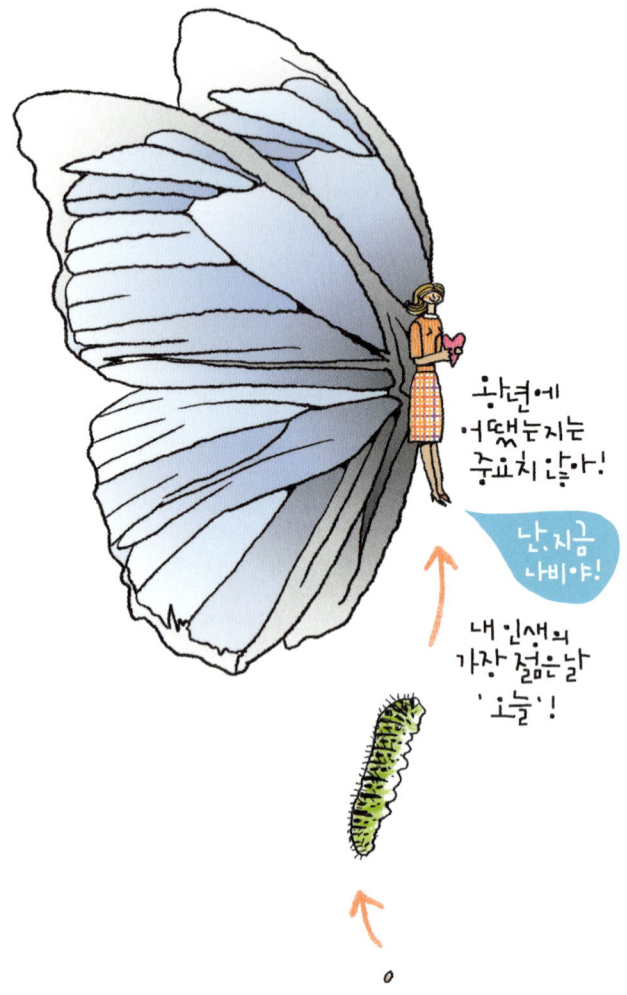

않았던가. 신분을 속이고 살아도 끝내 그의 과거를 지울 수 없었다. 그는 과거로 현재를 지배당하고, 오지 않은 미래에 대한 근심 걱정으로 살았지만, 지금 당장 해야 할 일에만 전념하는 냉철함으로 시장까지 되었다.

지나간 과거에 인생을 전부 거는 사람도 있지만, 과거를 잊고 멋지게 변신하는 사람도 있다. 과거에 얽매여 살다가 죽을 때가 돼서야 뒤늦게 후회하고 슬퍼하는 사람도 있고, 평생 과거에 집착하며 과거 기억으로 공격적이고 파괴적인 삶을 보내는 사람도 적지 않다.

인생에 전혀 도움이 안 되는 과거가 있다면 빨리 잊고 지금 내가 서 있는 곳에서 최선을 다하며 즐겁게 살자. 인정할 건 인정하고 정리할 건 정리하고 오늘과 미래의 멋진 삶을 위해 힘찬 발걸음으로 나아가자.

실패한 다음이 중요하다

살다 보면 어느 누구나 실수도 하고 실패도 한다. 하지만 실수하거나 실패한 다음의 마음가짐이 매우 중요하다. 실수를 경험 삼아 일어서느냐, 아니면 그대로 주저앉느냐 하는 큰 차이가 나기 때문이다. 실패를 하더라도 이를 경험 삼아 계속 도전하다 보면 언젠가 성공하게 된다.

그런데 이게 말처럼 쉽지가 않다. "자라 보고 놀란 가슴 솥뚜껑 보고 놀란다"는 속담처럼, 실패를 여러 번 경험한 사람은 뭘 하든 실패할까 봐 두려워하고 자신감도 없다. 주변에서 아무리 희망적인 말을 해도 귀에 들어오지 않는다.

실패는 누구나 다 하기 때문에 두려워할 필요는 없다. 실패를 한 후 되새김하면서 자신의 문제점이 뭔지 고민하고 돌이켜보며 반성하는 사람은 다음 기회가 왔을 때 성공할 가능성이 높아진다.

하지만 '왜 그걸 했지'라며 후회하거나 실패의 원인을 자신이 아닌 조상 탓이나 남 탓으로 돌리는 사람은 기회를 위기로 만들고

성공도 실패로 만든다.

성공으로 가는 길엔 어려움과 실패들이 여기저기 도사리고 있다. 누구도 피해갈 수 없다. 에디슨이 발명한 백열등 역시 천 번의 실패를 밑거름 삼아 더 큰 의지를 다지고, 수많은 좌절과 포기를 이겨낸 후에 얻은 큰 결과다.

성공은 힘들다고 주저앉고 포기하는 게 아니라, 힘든 이유와 원인들을 찾아내서 실패 요인을 성공 요인으로 만드는 사람에게 주어지는 선물이다.

"실패란 과정을 통과해야만 꼭 성공할 수 있다"라는 말을 잊지 말고, 그 어떤 순간에도 정신을 차리고 실패를 두려워하지 않는 큰 용기와 노력으로 꼭 성공이란 달콤한 열매를 얻기 바란다.

인생은
타이밍이다

    자기 잘난 맛에 자만에 빠져 좋은 때를 놓쳐 두 번 다시 기회를 잡지 못하는 사람들이 있다. 그래서 '인생은 타이밍이다'라고 말한다. 있을 때 잘해야 한다.

    그들은 다시 타이밍을 만들어보려고 노력하지만, 지나간 기회가 두 번 다시 오기란 쉽지 않다. 기회를 못 보는 능력이 어디 가겠는가? 사람을 볼 줄 모르는 안목이 한순간에 좋아지겠는가? 무능력과 나쁜 습관들은 고쳐지기가 쉽지 않다. 거기다 과거의 영화에 빠져 '나 왕년에 말이지~' 하며 산다면 더욱 힘들어진다.

    타이밍이란 행운 같은 것이다. 재수 좋은 사람은 타이밍이 좋은 사람이라 할 수 있다. 어떤 때는 길을 천천히 걸어가다 건널목 앞에 서자마자 파란 신호등으로 바뀌는 경우가 있는 반면, 또 어떤 때는 파란 신호등을 보고 열심히 달려갔으나 간발의 차이로 빨간 신호등으로 바뀌는 경우도 있다.

    무슨 일을 하든 모든 조건이 완벽하게 맞아떨어지는 타이밍을

'운이 좋다'라고 말한다. 이런 타이밍을 가진 사람은 무조건 성공한다. 하지만 그런 타이밍만 믿고 세상 무서운 줄도 모르고 자만하면 그다음부터는 무슨 일을 하든 한 끗 차이로 어긋난다.

타이밍을 또 다른 말로 '때' 혹은 '적기'라고도 한다. 전쟁이 났을 때 승기를 잡고 있어도 군수물자를 적기에 못 맞추면 이긴 전쟁도 지지만, 다 패한 전쟁도 군수물자가 때맞춰 지원되면 승기를 잡을 수 있다. 전쟁도 타이밍 싸움이다.

물범사냥의 결정적 타이밍 그냥 오는게 아니지! 100KM의 이동거리와 10시간의 기다림이 있어야 오는 거지!

기업도 마찬가지다 경영에 필요한 물자, 장비, 시설 등을 적절한 타이밍에 지원해야 성장할 수 있다. 타이밍을 놓치면 공든 탑이 허사가 된다. 기업이 목표 달성을 위해 직원들에게 무조건 달리라고만 하면 안 된다. 효율적인 성장을 위해 필요한 것들을 적기에 지원해야 발전의 도화선이 되고, 성장이 극대화된다. 그래야 직원들도 편하다.

마치 불이 활활 타오를 때 장작개비를 더 넣는 것과 같다. 목마를 때 물을 마셔야 효과가 좋고, 돈을 벌 때 벌어야 하고, 일 할 때 일하고, 공부할 때 공부해야 한다. 미루다 보면 못하게 된다.

적벽대전에서 제갈공명과 주유가 조조를 격파하기 위해 사용한 '화공지계'도 타이밍을 극대화한 군사 전략이다. 제갈공명은 화공지계를 생각했으나 고민이 많았다. 화공을 행하려면 반드시 적지로 동남풍이 불어야 하고 적군의 배를 묶어야 했기 때문이다.

그는 밤낮없이 제단에서 기도를 하고, 적지에 들어간 방통은 조조에게 군사들의 배멀미를 핑계 삼아 배를 묶게 하였다. 드디어 조조가 있는 쪽으로 바람이 불자 제갈공명은 화공지계로 조조의 백만 대군을 박살낸다. 바람이 불 때를 기다렸던 제갈공명의 타이밍 승리다.

그러나 화공지계는 몇 가지 조건이 더해져야 완벽하게 성공할 수 있다. 먼저, 불이 나기 전에 때맞춰 공격조를 배치해야 하고, 불길이 가장 거세게 타오를 때 공격해야 한다. 또한 적지로 바람이 부는 날에 불을 질러야 하며, 바람이 가장 오랫동안 불 때 불을 놓아야 성공한다.

무릇 군사작전은 경험과 자연의 기상 변화의 타이밍을 이치로 알고 기다려서 실행해야 반드시 성공할 수 있다. 모든 조건이 가장 완벽하게 맞아떨어지는 상황이 왔을 때, 행운도 내 편이 되어 따라주는 것이다.

지금 하고 있는 일이 성공하길 원한다면 그 일이 성공할 수 있도록 조건을 만들거나 조건이 될 때까지 기다려야 한다. 기다리는 것도 기술이자 전략이고 기회다. 급하다고 실을 바늘허리에 묶어 사용하면 안 되는 것처럼 타이밍을 맞추려면 침착해야 한다.

타이밍은 본인이 생각하고 만들어가는 거지 누군가 만들어 주는 게 아니다. 타이밍이 올 때까지 기다린다는 것은 타이밍이 안 오면 안 하겠다는 것과 같은 말이다. 그래서 타이밍은 행

동하는 사람에게 가장 먼저 온다. 먼저 실천하는 자에게 온다. 행동하지 않고 기다리기만 하는 사람들에게는 절대 좋은 타이밍이 안 온다.

사실 완벽한 조건의 타이밍이란 없다. 그 완벽한 조건을 만드는 사람은 바로 마음속에 간절한 희망과 목표를 품고 용기 있게 행동하는 자이다.

최고의 타이밍은 '지금이 기회다'라고 생각하고 실행하는 바로 그 순간이다. 준비 없이 실행하는 건 분명 위험하다. 하지만 아무것도 하지 않고 손 놓고 좋은 때만 기다리는 사람은 더 위험하다. 완벽한 타이밍을 기다리는 것도 중요하지만, 조건을 만들어서 타이밍을 극대화시키면 분명 큰 성공을 할 것이다.

실패는 성공의
또 다른 시작이다

난 무슨 일을 하든 최선을 다하는 스타일이다. 그런데 최선을 다했는데도 참 많이 실패했다. 수없이 실패를 거듭하자 한번은 왜 그런지 이유를 곰곰이 따져보았다. 실패한 데는 여러 가지 이유가 있었지만, 모든 실패의 공통된 원인은 욕심이 앞서 단기간에 성과를 보려 한 점이었다는 사실을 깨닫게 되었다.

그 욕심이, 잘 익어야 할 밥을 설익은 밥으로 만든 것이다. 충분히 익혀야 음식을, 빨리 먹기 위해 성급하고 조급한 마음으로 서둘러 센 불에 요리하다 졸아서 태우거나 부글부글 넘쳐 모든 일을 그르친 것이다. 그렇게 급하게 한 것들은 다 실패했다.

대신 "실패는 사람을 강하고 만든다"는 말처럼 실패가 내게 가져다준 시련들이 나를 강하게 만들어주었다. 시련이 오면 올수록 나

는 점점 더 강해졌다. 수많은 실패를 바탕으로 성장의 길로 나아가는 방법들을 찾았고, 실패로 인한 좌절감을 극복해가면서 무슨 일을 하든 현명하고 지혜롭게 해결해내게 되었다.

나를 참담하게 만들었던 실패와 고통이, 비바람마저 견딜 뿌리도 의지도 없던 나를 아주 강한 뿌리를 가진 튼튼한 사람으로 만들어준 것이다.

사실 하는 일마다 실패가 계속된다면 힘이 나는 사람이 어디에 있겠는가? 있을 수 없다. 이게 세상의 진리다. 하지만 실패에도 굴하지 않고 지속적으로 힘을 내야 현실에 맞서 살아갈 수 있다.

좌절감은 자신감을 사라지게 한다. '내가 이 정도밖에 안 되는 인간인가?'라는 생각에 움츠러들어, 앞으로 아무것도 제대로 해내지 못할 것이라는 불안감이 엄습해온다. 이럴 때 침착하게 자신을 추스르는 방법은, 여기서 끝장나는 게 아니라 지금은 힘들고 초라하고 별 볼일 없지만 더 좋은 위치에 있는 나를 꿈꾸면서 실패와 좌절의 순간을 동기부여의 기회로 삼아 '오늘을 견뎌내자'라고 다짐하고 또 다짐하는 것이다.

추진하는 일 가운데 열에 아홉은 실패해서 미칠 것만 같았던 시절이 있었다. 당시 나는 도저히 성공할 수 없는 인간인가 싶어 엄청난 피해의식 속에 살았다. '실패는 곧 인생의 끝이다'라는 생각이 나를 지배했다. 하지만 돌이켜보면 오늘의 성공을 거두기 위해 반드시 필요한 경험들이었으며 소중한 시간들이었다.

수없이 실패하고 좌절한 만큼, 성공을 위해 뼈를 깎는 고통을 견디고 또 견뎠다. 때론 주저앉기도 했지만 그렇다고 살길이 나오는 것은 아니었다. 그렇게 나를 주저앉게 만드는 좌절감과 오랜 시간

질긴 싸움을 계속했다.

  나는 포기하지 않고 한 걸음씩 천천히 나아갔다. 그러면서 세상 그 어떤 누구도 노력하는 사람을 당해낼 수 없다는 세상의 진리를 믿기 시작했다. 실패를 딛고 다시 일어서야 살아남는다는 강한 집념으로 하루하루를 살며 그 어떤 순간에도 삶을 포기하지 않았다.

  실패는 끝이 아니다. 성장의 또 다른 시작점이자 계기다. 실패했다는 건 성공으로 가는 고속 열차를 탄 것이라고 생각하자. 노력은 결코 나를 배신하지 않는다.

  발명왕 에디슨은 "인생에서 실패한 사람 중 다수는 성공을 목전에 두고도 모른 채 포기한 이들이다"라고 말했다. 실패를 해도 도전을 포기하지 않는 한 결코 패배자도 실패자도 아니다.

  저 멀리 내가 바라볼 수도 없는 곳에 있던 성공이 이제는 손을 내밀면 잡힐 것 같은 곳에 있는 듯하다. 성공이 내 손안에 들어올 때까지 내 인생에 좌절과 포기란 없다. 끝까지 실패와 좌절과 싸우면서 성공을 반드시 잡아보기 바란다.

마음을
내려놓고 살자

　사람은 신이 아닌 이상, 죽을 때까지 사람 관계나 인연을 모르고 살 수밖에 없다. 서로의 앞날을 예측할 수도 없는 데다 잘잘못마저 가릴 수 없기 때문이다. 그래서 그런 인간끼리 살다 보면 서로 실수를 하고 잘못도 저지르는 상황이 많이 생긴다.
　그럼, 내가 만나고 싶은 사람을 미리 예측하거나 골라서 만날 수 있을까? 없다. 그래서 알 수 없는 사람들과 사람들이 맺어지는 관계를 인연이라고 말한다.
　"옷깃만 스쳐도 인연이다"는 속담은 살면서 사람끼리 부딪치는 사소한 만남조차도 소중하게 여기라고 나온 말 같다. 지금 만나는 사람이 인연인지 악연인지는 아무도 모른다. 시간이 지나봐야 알 수 있다. 좋은 인연은 선순환 관계를 만들지만, 나쁜 인연은 악순환 관계를 만든다.
　악순환은 나쁜 일이 지속적으로 끊임없이 생기는 걸 말한다. 즉 한 번 단추를 잘못 끼우면 그다음 단추도 잘못 끼우는 그런 식이

계속되는 것이다.

만나서 마음이 불편하거나 미워지면 미움이 미움을 낳고, 싸움이 싸움을 만든다. 이런 관계는 악연이다. 자신의 주위에 머물고 있는 사람들을 생각해봐라. 어딘가 심기가 불편하거나 꼴 보기 싫은 사람들은 악연이지만, 피할 수 없는 운명적·숙명적 인연이다.

이런 인연은 어떻게 정리해야 하나? 거부한다고 사라지는 것도 아니다. 그래서 인연으로 생기는 행복도 불행도 모두 자기 탓이라고 말하나 보다. 결혼, 친구, 지인, 동료, 사업 동반자 등 수많은 인연들이 다 내 복이라고 생각하자.

상대방이 실수나 잘못을 저질렀을 때 과감하게 인연을 정리해보려 해도 마음처럼 쉽지 않다. 결국에는 서로 이해하고 용서도 하고 다시 만나기도 한다.

용서는 사람의 실수나 부주의로 비롯된 잘못이나 허물 그리고 과실을 눈감아주는 건데, 죽을 때까지 용서는커녕 이해하기조차 힘든 사람도 있다. 하지만 그런 사람을 받아들이고 이해하는 경우도 있는데, 이는 관계를 회복시키려는 인간의 본능 때문이다.

좋은 인연인 줄 알고 만난 사람으로부터 사기를 당하고 피해를 보면 인간관계에 대해 회의감이 들고 사람을 만나는 것조차 두려울 수 있다. 분명 악연이다. 악연은 애초에 맺지 않는 게 상책이지만, 그게 뜻대로 된다면 무슨 걱정거리가 있겠는가. 악연으로 맺어진 사람도 이해하고 가능하면 용서하는 게 어떨까. 물론 상처받은 기억들이 떠오를 때마다 괴롭고 힘들겠지만, 이해하도록 노력해 보자.

생각만 해도 속에서 부글부글 울화통이 터지는데 무슨 이해를 한단 말인가라고 생각할 사람들이 많을 것이다. 물론 이해하기 힘들다. 하지만 내려놓아야 한다. 그런 악연으로 생긴 기억들이 삶의 질을 떨어뜨리고 그런 분노와 과거의 잔재들이 인생을 황폐하게 만들기 때문이다.

이해와 용서와 관용은 어쩌다 기분 좋을 때 한 번 하는 게 아니라 살아가면서 평생 할 수 있도록 지속성을 가져야 한다. 그래야 자신의 삶이 질적으로 건강하고 좋아진다. 이해와 용서와 관용은 상대를 위해서도 필요하지만, 결국 자기 자신을 위하는 것이란 걸 반드시 명심해야 한다.

한결같은 마음으로
지켜주는 사람들

건물의 지붕을 수리하던 목수들이 뒷다리에 못이 박힌 채 벽에서 움직이지 못하고 있는 도마뱀 한 마리를 발견했다. 목수들은 그 못이 집을 짓던 3년 전에 박힌 것이 분명하다며, 도마뱀이 3년 동안이나 죽지 않고 살아 있었다는 게 참으로 놀라운 일이라고 모두들 혀를 내둘렀다.

목수들은 공사를 잠시 중단하고 도마뱀을 지켜보기로 했다. 잠시 뒤 다른 도마뱀 한 마리가 못이 박힌 도마뱀에게 먹이를 물어다주었다. 못에 박힌 친구를 위해 3년이란 긴 세월 동안 하루에도 몇 번씩 먹이를 가져다주기를 게을리하지 않았던 것이다.

이 도마뱀처럼, 온 세상이 나를 등지고 떠날 때 한결같은 마음으로 나를 지켜주고 찾아와줄 수 있는 누군가가 있다면 그건 최고의 행복일 것이다.

어렸을 적 어머니는 늘 한결같은 미소로 든든하게 날 보살펴주셨다. 누군가 옆에 있다는 건 큰 힘이 된다. 그런데 진정 나를 이해하고 아껴주는 사람을 만나기는 쉽지 않다.

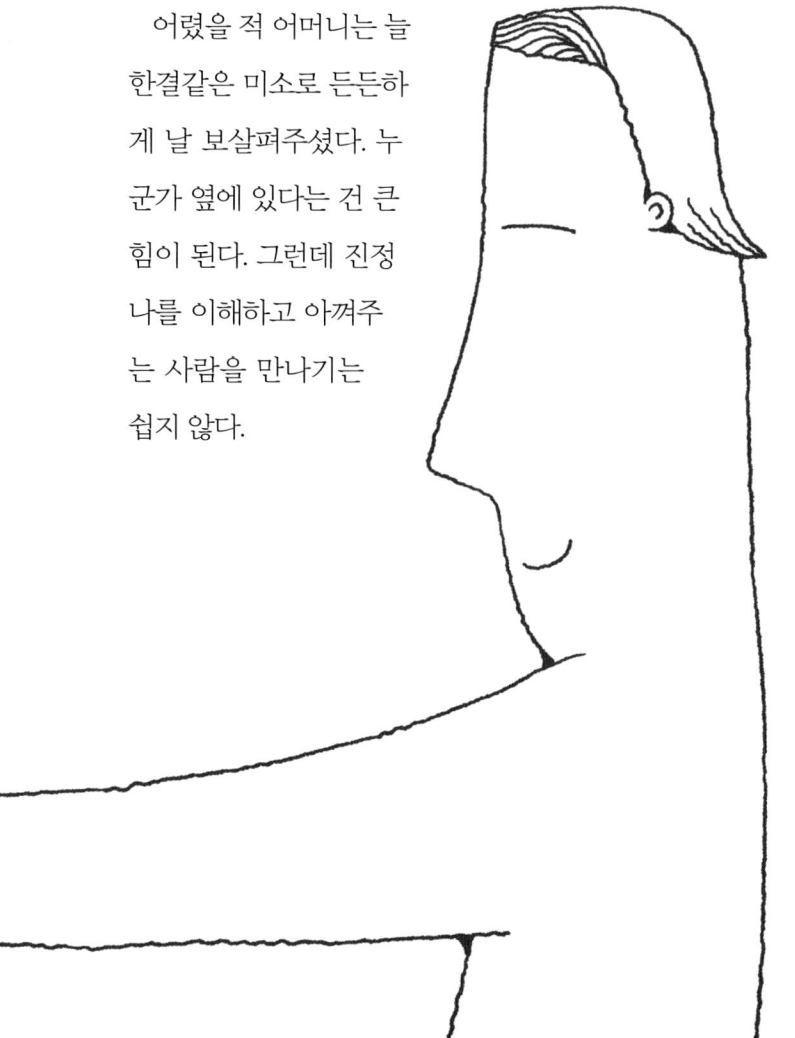

상대의 아름다움과 기쁨을 사랑하는 것은 누구나 할 수 있는 일이지만, 그 사람의 아픔과 슬픔을 사랑하는 것은 아무나 할 수 없는 일이다. 친구 또한 아무나 될 수 있지만 아픔을 감싸 안을 수 있는 진정한 친구는 아무나 될 수 없는 법이다.

기쁨을 두 배로 하고 슬픔을 반으로 줄일 줄 아는 넉넉함을 가진 사람, 남은 사람들이 다 떠나간 후 마지막까지 자기의 존재를 믿고 지켜줄 수 있는 사람을 만나기 바란다.

메모하는 자가
이긴다

　성공하고 싶다면 지금 떠오르는 생각을 항상 메모하는 습관을 들이기 바란다. 메모의 중요성은 다들 알고 있지만, 메모하는 습관을 유지하기는 쉽지 않다.
　흔히 메모를 순간 기억을 유지하는 보조 기록 정도로 생각하는데, 메모는 '아이디어 저장고'이자 '창의성의 원천'이다. 순간순간 떠오르는 아이디어를 어딘가에 붙잡아둘 수 있는 건 메모뿐이다.
　메모의 기능과 역할은 다양하지만, 내가 생각하는 메모는 '생각과 말을 수집하고 성공의 방향을 정리'하는 것이다. 조각난 생각들과 상황을 수시로 메모하다 보면, 잘못된 생각을 바로잡을 수 있고 정리되지 않은 머릿속 빈틈을 메꿀 수 있다.
　또한 메모는 뇌 운동과 직결되므로 기억 강화 훈련으로도 아주 좋다. 메모는 손으로 하는 것이지만, 그 손이 뇌를 움직이고 뇌는 우리의 삶을 바꿔준다. 하루에도 수많은 정보가 쏟아지고 우리가 알아야 할 지식은 너무나 방대하다. 이 모든 것들을 다 기억할 수는 없다. 하지만 열심히 메모를 하면 된다. 메모를 성공의 시작점이라고 생각해보자.

'메모하는 자가 이긴다'라는 말이 있을 정도로 메모의 효능은 대단하다. 사회의 성공 그룹에 속한 사람들도 다들 메모하는 습관을 가지고 있다.

메모를 습관화하면 업무나 학습 성과가 달라질 뿐만 아니라 삶의 질과 삶의 영역이 달라진다. 다시 말해 메모는 성공의 지름길을 안내해줄 것이다.

이를 위해 구체적인 목표를 메모하고 매일 읽어보는 사소한 노력이 필요하다. 그런데 안타깝게도 그런 사소한 노력을 매일 꾸준히 실행하는 사람이 별로 없는 듯하다. 인생의 목표를 메모해서 잘 보이는 곳에 붙여두고 수시로 읽어보자. 무계획적으로 하루하루 살아가는 삶이 계획적으로 바뀔 것이다.

그리고 메모를 지속적으로 하다 보면 훗날 한 권의 자서전을 만들 수도 있다. 처음에는 어설프겠지만 지금 당장 시작해보자.

마음가짐이 중요하다

 어떤 목표를 가지고 온몸을 바치기로 결심하고 끊임없이 노력하겠다고 생각하는 순간부터 성공이 만들어진다. 그런데 이런 진실을 모르는 사람들이 많다. 남다른 특별한 능력, 혁신적 생각, 멋진 계획들이 성공을 가져다주는 것이라고 착각한다. 그래서 조금만 난관에 부딪치거나 힘들면 그대로 주저앉거나 포기한다.
 사람의 마음은 강력한 힘을 가지고 있다. 간절한 마음으로 노력하면 평상시에는 결코 일어나지 않을 일들이 생겨나 삶을 돕고 인생을 바꾸어준다.

성공을 꿈꾼다면, 열심히 하겠다고 생각하는 것만으론 부족하다. 마음속 깊은 곳에서 간절한 마음을 가져야 인생이 바뀌기 시작한다. 다시 말해 마음을 달리 먹어야 성공하는 것이다.

성공하겠다고 스스로 결심하는 순간, 예전에는 꿈도 꾸지 못했던 온갖 종류의 예상치 못한 성공들이 찾아온다. 진실한 마음으로 노력한 사람들만 알 수 있는 물적·인적 요소들이 저절로 생기는 것이다.

대개 창조적이고 진취적인 일을 하면 성공할 가능성이 높다고 생각하지만, 가능성이 높을 뿐 항상 좋은 결과가 나오지는 않는다. 하지만 여기에 성공에 대한 확신과 한결같은 노력이 더해진다면 불가능해 보이던 많은 것들이 현실로 이뤄지는 기적이 나타난다.

나는 오늘도 그 기적을 위해 마음속에 있는 수많은 갈등을 없애고, 망설임 없는 선택과 최선을 다하는 마음으로 하루를 보낸다.

리스크 없는 성공은
꿈꾸지 마라

흔히 투자를 할 때 성공할 가능성이 낮거나 반드시 성공한다는 보장이 없으면 '리스크(risk)가 높다'고 말한다. 이처럼 리스크는 손해를 볼 가능성이나 위험성을 의미하는데, 통상적으로 이익이 높으면 리스크가 높아지고, 투자에 대한 이익이 낮으면 리스크도 낮아진다.

그런데 리스크를 예측하지 못해 고생만 죽어라 하고 손해만 보고 수익이 없는 경우가 허다하다. 무슨 일을 하든 투자한 만큼 반드시 이윤이 생긴다는 보장은 없다. 이것이 불확실성에 대한 리스크다. 호랑이를 잡으려면 호랑이 굴에 가야 하듯이 목적한 바를 이루려면 리스크를 감수해야 한다.

집에 불이 났다고 상상해보자. 불 속으로 뛰어들어야 가족을 구할 수 있다. 불은 리스크지만 가족을 살릴 수 있다는 큰 희망이 있지 않은가? 그리고 물이 무섭지만 바다에 뛰어들어야 신비로운 바다 속 세상을 볼 수 있다. 이것이 리스크를 극복해야 하는 이유다. 불난 집을 보며 발만 동동 구른다고 가족을 구할 수는 없다. 겁이 나서 물가만 기웃거리는 사람은 볼 것도 얻을 것도 없다.

 안전한 곳에는 사람들도 많고 경쟁자들도 많다. 위험한 곳에는 사람이 없다. 바로 그런 곳을 발견하고 그 속에 몸을 담가야 성공하거나 대박이 난다.

 안전한 곳일수록 이윤은 낮고, 위험한 곳일수록 이윤이 높은 건 당연하다. 그렇다고 높은 이윤을 위해 남들이 하지 않는 어렵고 힘든 위험한 일을 일부러 찾아서 할 필요는 없다. 그곳에는 상당히 높은 피로도와 스트레스가 있고, 육체적·정신적·물질적 손실이 기다리고 있다. 욕심이 화를 자초할 수 있으니 항상 조심 또 조심해야 한다.

 하지만 작든 크든 이윤을 얻으려면 노력하고 투자해야 한다는 사실을 명심하라. 공부 안 하고 좋은 성적이 나오길 바라고, 일하지 않고 부자가 되길 바라는 건 아주 못된 심보다.

 백 자나 되는 높고 위태로운 장대 위에 올라서고도 또다시 죽을 각오로 한 발자국을 더 내딛는다는 뜻을 지닌 '백척간두진일보(百尺竿頭進一步)'라는 말이 있다. 이미 할 수 있는 노력을 다한 듯하고, 백척간두에서 한 걸음 더 나아가면 떨어져 죽을 것처럼 생각되겠지만 사실은 더 크게 살아나게 된다는 의미다. 다시 말해 두려움을 무릅쓰고 목숨을 걸 때 비로소 살길이 열린다는 의미다.

　무슨 일이든 시작하지 않는 자는 아무것도 얻을 수 없다. 아무것도 시작하지 않는 것이 제일 큰 리스크다. 한 발자국이라도 움직이고 위험을 감수하는 노력과 용기를 내는 사람에게만 성공이란 선물이 기다린다.

오늘 할 일을
내일로 미루지 마라

　실패하는 사람들은 내일을 위해 오늘 쉬지만, 성공하는 사람들은 내일 쉬기 위해 오늘 일한다. 전자는 "내일 뭐 있어? 먹고 죽은 놈은 때깔도 좋아!"라며 마지막 한 잔을 다 마시지만, 후자는 내일을 위해 소주 한 잔을 남긴다. 후자는 열정적으로 일하진 않아도 술자리나 모임에서는 마치 내일이 없는 사람들처럼 못 먹어도 '고(go)' 하는 습성을 가진 예술(?)적인 사람들이다.

　성공하는 사람은 오늘 할 일을 내일로 미루지 않고 내일 할 일을 오늘 미리 하려고 한다. 그들에겐 내일보다 '오늘이 기회'인 것이다. 지금 즉시 실행하는 'Right Now~!'와 같다. 하지만 실패하는 사람은 오늘 할 일을 내일 해도 된다고 생각하고 오늘을 헛되이 보낸다. 성공과 실패는 일 초, 한 시간, 하루처럼 사소한 차이일 수도 있다. 성공은 항상 남들보다 일 초 앞선 사람들의 몫이다.

　그리고 성공하는 자는 실천 능력이 뛰어나다. 뭐든 뒷마무리가 깔끔하다. 무슨 일을 하든 적당히 하지 않는다. 반면 실패하는 사람은 무슨 일을 하든 단번에 끝내는 법이 없이 질질 끈다. 언젠가는 마무리하겠지 하고 일을 뒤로 미루지만 아무리 기다려도 마무리를 못한다. 게다가 핑계도 어쩜 그렇게 많은지 잘도 지어낸다. 그럼에도 그들은 항상 희망찬 내일을 이야기한다.

내일이라고 말하는 그들의 인생은 성공보단 실패 확률이 높다. 그리고 '하루만 더 기회가 있었다면, 한 번만 더 기회가 있었다면 성공했을 텐데'라고 부르짖는다. 아마도 타임머신이 있다면 그들은 과거로 돌아갈 판이다.

설사, 또 한 번의 기회를 더 준다 할지라도, 그들은 할 수 있다는 자신감만 넘치지, 결국에는 오늘 할 일을 내일로 넘기고 내일이 와도 못한다. 아침에 할 일을 점심때 하겠다고, 점심때 할 일을 저녁때 하겠다고 미루지 마라. 왜 아침에 할 일을 굳이 저녁까지 기다렸다 하려는지 모르겠다. 결국엔 그날 저녁에도 못하고 다음날 아침으로 미뤄질 게 뻔하다. 실패하는 사람들도 시간만 잘 다루면 성공할 가능성이 높아진다.

얼마 전, 세이펜 관련 기술개발이사로 일했던 형님이 위암으로 운명을 달리했다. 위에서 아프다고 그렇게 신호를 보냈으나 소화불량이나 숙취 정도로 치부하다가, 어느 날 복통이 심해 검사를 했더니 위암이었다. 항암 치료를 하면서 술도 안 마시고 찬물도 안 마시고 운동도 꼬박꼬박 하며 몸을 챙겼더니 병세가 호전되어 희망이 보이나 싶었으나 한순간 병세가 악화되어 발병한 지 6개월

만에 이승과 멀어지고 말았다.

아직까지도 세이펜 개발 특허와 기술을 함께 논하던 모습이 선한데 말이다. 아직도 가슴이 아려온다. 세이펜에 출근할 당시 아침마다 얼굴이 퉁퉁 붓고 술을 마시면 남들보다 빨리 취하고 담배도 엄청 피우고 식사도 제대로 못하는 모습을 보며 건강검진 좀 하라

고 그렇게 권유를 했건만 '내일 할게 내일 할게' 하다가 손쓸 기회를 놓치고 만 것이다. 퇴사한 지 3년 만의 일이었다. 그때 강력하게 담배도 끊게 하고 술도 줄이게 하고 식사도 챙겨주고 억지로라도 병원에 보내지 못한 게 이렇게 후회가 될지 몰랐다. (삼가 고인의 명복을 빕니다)

직장인들 중 건강관리를 잘하며 사는 사람도 있지만 그렇지 못한 사람이 더 많다. 일도 중요하지만 건강을 더 챙겨야 한다. 내일을 위해 오늘 영원히 사는 것처럼 일하더라도 언제 죽음이 찾아올지 모른다는 사실을 잊지 말자.

'내일 해야지'라고 말하거나 생각만 해도 실패하는 게 인생이다. 실패하는 자는 실천하지 않는 자들이다. 무슨 일을 하든 '무조건 지금 당장 하겠다'라고 생각하자. 성공하는 습관은 하루아침에 만들어지지 않는다. 지금부터 시작하자. 나이가 들면 모든 게 정지한다. 그때 뛰려고 하지 말고, 바로 지금 최고로 젊을 때 열심히 뛰고 생각을 실행으로 옮기자.

지루하고 반복적인 일을 잘하는 자가 성공한다

요즘 젊은 세대들은 힘든 일을 하지 않으려고 한다. 사실 누가 힘든 일을 좋아하겠는가?

하지만 성공을 하려면 직업 정신이 투철해야 하고, 일이 완성될 때까지 힘들고 단순하면서도 지루할 정도로 반복적인 일을 거듭

성공은 무서운 집중력과 반복적 학습의 산물이다
- 말콤 글래드웰

해야 한다. 그런데 일을 하다 보면 지겹고 힘들어진다. 이때 딜레마(갈등)가 생기고 일에 대한 염증이 생긴다. 그래서 대충 하거나 중도에 포기한다. 아예 다른 직업으로 바꾸기도 한다. 메뚜기처럼 이리저리 뛰며 이 직업 저 직업을 전전한다. 편한 곳에서 한탕만 생각하고 있다면 성공과는 거리가 점점 멀어진다.

  산 밑에는 사람들이 북적거려도 정상에 오르는 사람은 별로 없는 것과 같은 이치다. 똑같은 보폭으로 산을 올라가는 인내심도 필요하지만, '바로 내려올 산을 왜 이 고생을 하며 올라갈까?' 하는 잔꾀가 생기면 정상에는 절대 올라갈 수 없다.

우리는 매일 밥을 먹지만 지겨워하지 않는다. 배고파서 먹고 때가 되어서 먹는 것처럼, 일도 생존본능처럼 여겨야 힘들지 않다.

내일이 없는 오늘 하루를 살아가기 위해 난 사소해 보이는 반복적인 일도 아주 열심히 했다. 가진 게 없고 배운 게 없어 이런 지루하고 반복적인 일이라도 잘하는 것이 나의 성공이라고 여겼기 때문이다.

직원들이 인정할지 모르겠지만 지금도 우리 회사에서 가장 단순하고 반복적인 일을 내가 제일 잘한다고 자부한다. 진짜 잘한다! 타고난 단순 노무자다. 성공의 꿈이 크다고 좋은 사무실에서 편히 앉아서 혁신적이고 창조적인 일만 하는 것은 아니라고 생각한다. 사소하고 힘든 일일지라도 꾀부리지 않고 잘해야 진정한 성공에 이를 수 있다.

20년 전 지하 주차장을 개조해 사무실로 사용했었는데, 그때 직원들에게 "내가 만약 성공한다면 아마도 지금까지 하고 있는 단순 작업을 지루할 정도 꾸준히 잘해왔기 때문일 것이다. 특히 한 번 시작한 일은 될 때까지 무조건 끝장을 보는 성실성까지 갖추었으니 난 분명 성공할 것이다"라고 자주 말하곤 했다.

그리고 얼마 전 아침 회의 때는 "오늘날 세이펜의 성공은 거래처와의 신뢰성, 직원들의 노력이 합쳐진 결과이기도 하지만, 세이펜이라는 기기가 세상에 빛을 발할 때까지 단 하루도 쉬지 않고 아주 지루하고 힘들고 반복적인 콘텐츠 개발과 기술 개발을 지금까지 꾀부리지 않고 해왔기 때문이다"라고 말한 적이 있다.

세상의 가장 위대한 일은 특별한 곳에 있는 게 아니라, 가장 평범한 일을 아주 잘하는 기본의 본질을 잘 아는 사람들이 만드는 길에 있다. 그러므로 꿈을 이루기 위해서는 사소하고 별 볼일 없고 힘들고 지루하고 단순하고 반복적인 일일지라도 꾸준히 잘해야 한다.

또한 꿈이 크고 목표가 높더라도 항상 눈앞에 놓인 가장 지루하고 가장 단순하고 반복적이고 지겨운 일을 착실히 잘 수행해야 한다. 성공의 힘은 꿈의 크기가 아니라 뭐든 꾸준히 성실하게 오랫동안 지겨울 정도로 반복하는 데서 나온다.

필연적 실패가 만든
우연한 성공

　나의 젊은 시절은 뭐 하나 제대로 쉽게 되는 일이 없었다. 무슨 일을 해도 생각했던 대로 풀리지 않았다. 허구한 날 신세 한탄이나 하면서 세상에서 나만 개고생하는 것 같고, 불행한 사람들 중에 내가 제일 불행하다고 생각하면서 불평불만이 가득했다.
　하지만 철이 들면서 내가 생각한 대로 일이 진행되지 않는다고 넋 놓고 가만히 있지는 않았다. 조금이라 해결의 실마리가 보이면 어떻게든 해결할 방법을 찾으려고 애썼다. 그런 간절한 마음과 노력들이 나의 고민과 삶을 조금씩 바꾸기 시작했다.
　이런 노력들이 쌓이면서 그렇게도 꼬이기만 했던 나의 인생이, 처음 생각하고 계획한 대로 일이 풀리고 심지어 성공 가능성까지 보였다. 그러다 언제부턴가 어려운 일이 생기면 침착하게 문제점을 정리하고 해결하는 습관이 생기기 시작했다. 그런 습관이 내 몸에 스며들었고 사업 경영과 인생철학에 큰 도움을 주었다.
　지금은 과거 불평스러웠던 일들과 뜻대로 일이 되지 않았던 모

든 상황을 감사해하고, 힘들었고 괴로웠던 일들도 기쁘게 생각하고 있다. 이제는 내 운명이 원하지 않는 방향으로 진행되더라도 힘들어하거나 괴로워하지 않는다. 설사 직진 코스가 어려워 우회 도로로 돌아가는 경우가 생기더라도 감사해한다.

한때 막연한 행운을 기대하면서 무조건 성공하고자 마음먹었던 나의 무지와 일의 전문성도 모르면서 빠르고 쉽게 벼락부자가 되려고 한 마음이 나를 병들게 했다. 먹고살 돈이 턱없이 부족해 단지 돈을 많이 벌고자 했던 마음이 오히려 발전 가능성 있는 일조차도 한 방에 망가지게 하고 성공의 문 앞에서 문이 닫히게 만들었다. 그때 성공의 문은 열리지 않았지만 나에게 큰 교훈을 안겨주었다. 생활고로 생긴 욕심들로 인해 나는 신의 벌을 달게 받는다고 확신했다.

지금은 허황된 꿈과 희망으로 살지 않는다. 간절한 희망과 꿈으로 꾸준한 지극 정성의 노력으로 모든 어려움을 해결하려고 한다.

이런 노력하는 마음은 신이 나에게 다시 기회를 준 가장 큰 선물이다. 그 선물은 고질적으로 성공만을 꿈꾸며 하는 일 없이 세월만 헛되이 보내는 '허송세월 병'마저도 깔끔하게 완치시켜주었다.

한때 상상도 못할 힘든 젊은 시기를 보냈지만 그 고통을 이겨내고 견디지 않았다면 지금의 세이펜은커녕 그 어떤 인생의 성공도 여유도 편안함도 생기지 않았을 것이다.

어쩌면 나의 성공은 우연히 일어난 것 같다. 내가 고민하고 계획

했던 일이 실패를 극복하는 과정에서 순조롭게 잘 풀려나갔기 때문이다. 다시 말해 똥을 피하다 금을 발견한 격이라 하겠다.

그래서 요즘은 예상대로 일들이 풀리지 않을 때 더 잘 준비할 수 있게 되었고, 그렇게 고민하다 보니 처음 예상했던 결과를 뛰어넘는 더 좋은 결과가 생긴다는 사실을 터득했다. 세상에 없던 기술인 세이펜이 교육 시장에 등장할 수 있었던 것도 필연적 실패가 안겨 준 우연한 성공의 선물이 아닐까 생각한다.

늘 걱정되는
내 인생

 손님이 많은 식당은 주인부터 종업원까지 피곤한 기색이라고는 눈을 씻고 찾아봐도 없다. 얼굴에 윤기마저 자르르 흐른다. 그리고 무엇보다도 신나게 일하고 음식도 훌륭하다. 반면 손님이 없는 식당은 사장이나 종업원이나 다들 피곤한 기색이 역력하다. 음식도 맛이 없고 얼굴엔 근심 걱정이 가득하다. 식당 분위기도 안 좋고 말투마저 불친절하다.
 돈이 없거나 수입이 안 좋다고 느끼는 사람들은 육체적인 고통보다 정신적 고통을 훨씬 크게 느낀다고 한다. 물질적·경제적 불안감 등이 스트레스가 되어 정신적 고통으로 번지고, 또다시 육체적 고통으로 증상이 표출되기 때문이다. 한마디로 돈이 떨어지면 안 아프던 몸도 아프다.
 이런 현상이 나타나는 더 근본적인 이유는 본인의 삶조차 책임지지 못하고 쉬고 싶어도 쉬지 못하는 데다 부양할 가족마저 보살필 능력이 없다는 악순환 심리 때문이다.

경제적 빈곤과 육체적 고통 사이의 연관성은 의학적으로 확인된 바는 없다. 하지만 경제적 빈곤감은 자신의 삶을 스스로 제어할 수 없다는 불안한 심리를 유발하고, 육체적 통증과 연관되는 신경 메커니즘을 자극하기 때문에 육체적 트러블이 생기는 것 같다. 특히 피부가 뒤집어진다거나 속이 더부룩해지는 현상들이 나타난다.

돈을 많이 벌거나 성공한 사람들은 음식을 먹지 않아도 배가 부르지만, 빈곤한 사람은 먹어도 먹어도 배가 고프다. 빈곤 속의 불안한 삶은 면역력을 떨어뜨려 온몸을 아프게 만들어 카페인이나 진통제, 그리고 술 소비량이 늘어난다.

실제로 빈곤층은 카페인이 많은 음료를 자주 먹고, 염분도 많이 먹고, 진통제도 많이 먹는다는 연구 결과도 있다. 그 자료에 따르면 한 가정에 두 명의 성인 실업자가 있으면 한 명의 실업자가 있을 때보다 진통제 섭취량이 더 높아진다. 이는 금전적 내상 스트레스와 신체적 외상 통증 사이의 연관성을 보여주는 결과이기도 하다. 다시 말해 경제적 불안감이 질병에 대한 저항력도 떨어뜨리고 몸을 혹사시킨다.

실업률이 높고 경제 상황이 좋지 않은 나라에 사는 사람일수록 육체적 통증 수치가 높고, 같은 지역 내에서도 경제적으로 불안정한 상태일 때가 안정기에 있을 때보다 신체적 통증을 호소하는 인구 비율이 2배 이상 높았다.

어떤 실험에서 참가자들에게 얼음물이 담긴 양동이에 손을 담그고 있도록 했는데, 인력 시장에 대해 불안감을 느끼는 사람일수록 얼음물에 손을 담그는 시간이 짧았다고 한다. 경제적 불안감을 인지하는 사람일수록 통증에 대한 인내력이 부족하다는 의미다.

국가의 경제적·사회적 상황, 개인의 심리 상태와 육체적 변화는 서로 연관관계에 놓여 있다는 반증인데, 특히 육체적 통증은 개인의 경제적 불안감과 자신감 부족에서 기인하는 만큼 경제적으로 안정화를 이루는 것이 최선의 방법이다.

돈을 버는 것이 재정적 어려움과 육체적 고통의 악순환을 제거하는 유일한 방법이지만, 돈 벌기가 생각처럼 쉽지 않다. 그러므로 개인이 자신감을 높이고 돈보다 더 큰 가치관과 자존감을 가질 수 있는 상태를 만들어야 한다.

요즘은 경기 침체가 너무 극심해 본인의 기량을 제대로 발휘할 수 있는 상황이 아니다. 하지만 더욱더 노력하고 남들보다 더 열심히 살아야 한다. 금세 경제 상황이 나아지거나 불안감이 줄지는 않겠지만 돈이 부족하다는 이유로 심리적 압박에 빠지지는 말자. 수입이 줄어들더라도 더 나은 삶의 가치를 발견하고 편안한 마음으로 심리적 선순환 구조를 만들어 몸과 마음을 안정시켜야 한다.

3부

리더로 성공하기

나누지 않는
성공은 실패다

　삶의 원칙, 경영 원칙이 바로 서야 자신과 기업을 지킬 수 있다. 어려움이 닥쳐도 흔들림 없는 경영 원칙 덕분에 오히려 위기를 기회로 만들어낸다.

　전 세계 부자들은 그들만의 경영 원칙을 바탕으로 '업'의 본질을 정확히 꿰뚫고 하루가 다르게 성장하고 있다. 투자의 귀재 워런 버핏은 '가치 투자'를 늘 중심에 두고, 빌 게이츠는 '인재 중심' 경영으로 유명하다.

　나 역시 나름의 경영 원칙을 가지고 있는데, 이는 '효'에서 비롯되었다. 부모님께 효도하는 마음으로 헛길로 가지 않고 열심히 산 덕분에 오늘의 내가 존재하는 것처럼 기업 경영에도 '효' 정신이 필요하다고 보았다. '효'에서 시작된 경영 원칙은 다음과 같다.

　첫째, 상도를 지킨다.

　둘째, 약속은 반드시 지킨다.

　셋째, 나와 같이 일하는 모든 사람은 반드시 지킨다.

넷째, 제품은 반드시 정직하게 만든다.

다섯째, 기술 보국으로 국가의 경제를 지킨다.

이를 요약하면 '고객들의 신뢰로 얻은 이익을 함께 일한 사람들과 나누고, 고객들이 만족하면, 나의 사업도 커지고, 더불어 국가 경제도 발전한다'는 것이다.

이익을 나누지 않는 성공은 실패라고 할 수 있다. 나는 늘 직원들에게 내 컵에 물이 넘치면 새 컵으로 바꾸지 않고 직원들의 컵에 넘치는 물을 따라주겠다고 강조한다. 나눔이 성장의 기반이요, 경영 원칙의 기반이라 생각하기 때문이다.

경영주만 이익을 보고 다른 사람에게 베풀지 않는 기업은 결코 성장할 수 없다. 이익을 직원과 함께 나눌 때 서로의 소득이 증대되고, 행복해지고, 함께 잘살 수 있다는 믿음이 생긴다.

그리고 항상 돈보다 의리를 먼저 생각한다. 직원에 대한 의리, 고객에 대한 의리, 거래처에 대한 의리가 우선이다. 그렇다고 열심히 번 돈을 아무에게나 나눠주라는 게 아니다. 고객으로부터 얻은 이익을 사회적 책임을 다하는 기업으로 가치 있게 사회에 환원하자는 것이다.

물론 기업이 생존하려면 무엇보다 이윤을 추구해야 한다. 몸속의 혈액처럼 자금 흐름이 무엇보다 중요하기 때문이다. 그래서 돈을 벌어야 한다. 하지만 돈은 지나치면 독이 된다. 부족한 만 못하

다. 조직의 돈을 개인의 이익을 위해 함부로 사용하거나, 부당한 방법으로 이익을 챙겨서는 안 된다.

가치를 나누고, 마음을 나누고, 돈을 나누는 '나눔'을 중시하는 기업이 많아져야 한다.

작은 이익을 탐하다 주변 사람들로부터 신뢰를 잃고 더 큰 걸 놓칠 수 있다. 돈을 벌고 일단 권력이 있어야 뭐든 할 수 있다고 생각하기 때문에 이런 일이 벌어진다. 정당하든 부당하든 일단 챙기고 보자는 마음가짐부터 버려야 한다.

사실 세상 사람들 중 돈과 권력을 싫어하는 사람이 몇이나 되겠나? 하지만 경영의 힘은 고객으로부터 비롯된다는 사실을 잊지 말아야 한다. 기업은 고객의 사랑을 먹고 성장하고 발전한다.

그런데 돈 좀 벌고 자리를 잡으면 고객을 대하는 태도가 180도

바뀌는 기업도 많다. 잘나가던 기업도 고객의 믿음과 사랑을 잃으면 한순간에 내리막길을 걷는다.

고객의 사랑으로 얻은 이윤을 다시 고객에게 돌려주는 기업 문화를 만드는 것이 성장의 지름길이다. 겉보기엔 손해인 듯해도 고객에게 먼저 다가가서 서비스를 베풀고 노력하면 고객은 깊은 감동을 하고, 그런 고객은 영원히 기업을 믿고 우리와 함께 성장하는 가족이 된다.

비판과 질책은
성공의 열쇠다

돈 없고, 능력 없고, 학벌 없고, 망해가는 기업인은 자신이 아무리 잘될 수 있다고 말해도 주변 사람들이 믿지 않는다. 오히려 비판과 질책이 쏟아진다.

나 역시 오늘날 세이펜을 일구어내기까지 실패를 거듭하면서 수많은 비판과 질책을 받았다. 그런 내 모습이 너무 싫어 나도 언젠가는 성공이란 두 글자로 당당하게 일어설 거라고 굳게 다짐하며, 내 삶을 변화시키기 위해 열심히 노력했다.

그러나 쉽지 않았다.

누구에게나 다 주어진 24시간으로는 부족했다. 하루 24시간을 25시간, 26시간으로 쓰기 시작했다. 잠자는 시간을 더 줄이고 일분일초도 헛되이 보내지 않았다. 그러자 주변에서 나를 지켜보던 이들의 눈빛이 달라졌다.

뭘 해도 안 될 것이라는 냉소적인 눈빛이 차츰 사라지고, 날 비판하던 목소리도 조금씩 잦아들었다. 그런 변화가 나를 더 달리게 만들었다.

그렇게 부단히 노력하다 보니 어느덧 남이 먼저 날 인정해주고 다른 사람에게 자랑해주는 사람이 되었다. 비판과 질책이 나를 발전시킨 계기가 된 것이다.

사람들로부터 비판과 질책을 받더라도 이에 굴하지 않고, 그것을 나를 위한 성공 에너지로 만들어야 한다. 누군가 나를 믿어준다는 말은 큰 힘이 된다. 하지만 따끔한 질책 또한 현명하게 받아들이면 성공의 열쇠로 삼을 수 있다.

> 아픈 건 똑같지!
> 채찍을 공격으로 생각하면 불만이 시작되지만
> 격려로 생각하면 발전이 시작되지!

자신에게 쏟아지는 비판과 질책을 달게 받아들이기는 쉽지 않다. 하지만 때론 달콤한 칭찬보다 훨씬 좋은 약이 될 수 있다는 걸 알아야 한다.

다른 사람의 칭찬을 듣고 싶은데 아무도 칭찬을 안 해주니 자기 입으로 스스로를 칭찬하는 '우'를 범해서는 안 된다. 문제의 원인을 파악하지 않고 자신이 처한 열악한 상황을 숨기기에 급급해 '난 잘될 거야'라고 허풍을 떨다가 오히려 더 큰 무시를 당한다.

비판을 이겨내는 법을 터득해야 한다. 누가 뭐라고 한 마디라도 하면 분노를 참지 못하고 화를 내는 것은 상대가 나를 무시한다고 생각하기 때문이다.

돈이 없어 상대가 날 무시하고, 능력이 없어 상대가 날 무시한다는 생각을 버려라. 하는 일마다 잘 안 풀려 힘들어 죽겠는데, 곁에 있는 사람이 도와줄 생각은 하지 않고 끝없이 비판과 질책만 한다고 오해하지 마라.

비판이나 질책을 받으면, 자신은 태어날 때부터 그런 운명이라며 스스로 힘들어하고 이겨내지 못하는 사람들이 있다. 자존감마저 사라지고 사람을 피하는 대인기피증까지 생겨난다. 그래서 희망 없는 삶이 끝없이 이어진다. 잘되라고 하는 비판을 무시라고 생각하면 마음고생만 깊어질 뿐이다. 아무리 재능과 능력이 있어도 주변 사람들의 비판을 피할 수는 없다.

잘하고 있고, 열심히 살고 있다고 생각하는 자신감은 살아가는

데 매우 중요하다. 하지만 스스로 그렇게 생각하는 때일수록 무비판을 경계해야 한다.

비판은 아무나 하는 게 아니다. 용기 있는 자가 비판도 한다. 비판하는 사람이 진정한 내 편이다. 오히려 칭찬이 독이 될 수 있다. 칭찬을 조심해야 한다.

곁에 있는 사람들의 진정 어린 지적이든 무시하는 비판이든, 모든 것을 남 탓하지 말고 자신의 실수로, 자신의 문제로 받아들이고 이를 성장의 계기와 에너지로 생각해야 한다. 그것이 바로 큰 성공 요인이 될 수 있다는 사실을 명심하자.

목적을 실현시켜주는
리더의 역할

　목적과 목표를 혼동하는 사람들이 많다. 목적은 어떤 일을 하는 데 있어 왜 하는지 그 이유가 되는 것이고, 목표는 목적을 달성하기 위해 필요한 구체적인 것들이다. 목적이 목표의 기준이 되는 셈이다. 그러므로 목적은 목표보다 더 상위 개념이고, 더 장기적이고 지속적으로 추구해야 달성할 수 있다.

　그런데 목적과 목표는 주관적 기준이므로 반드시 객관적으로 평가해야 성공 여부를 정확히 판단할 수 있다. 또한 목적을 실현하는 행동 기준은 과거도 미래도 아닌 현실이므로 현실 규칙을 잘 따라야 원하는 바를 이룰 수 있다.

　기업은 각자의 목적과 목표를 가진 여러 사람이 모여서 만들어진 공동체다. 구성원들은 각자 자신의 목적에 따라 기업의 목표도 달성하고, 성과도 내고, 자신도 발전하기 위해 노력한다. 그러므로 기업의 리더는 구성원들에게 개인의 목표가 아닌 공동의 목적과 조직의 목표를 정확히 알려줘야 한다.

구성원들이 개인의 목적만을 위해서 일한다면 그들은 월급만 받는 단순 노동자일 뿐이다. 그런 사람들은 시키는 일도 제대로 해내지 못하고 결국 떠나고 만다.

하지만 기업에서 의미 있고 중요한 인재로 인정받고 싶어 하는 사람들은 대충이란 걸 모른다. 자신의 잠재력을 발견하고 싶어 하고, 개인의 목적보다 기업의 목적과 목표를 달성하고 싶은 열정이 강하다.

리더는 그들에게 미래의 꿈과 비전을 알려주고, 성과를 낼 수 있다는 자신감을 심어주고, 중요한 역할을 맡겨 동반자로 함께 일하고 있다는 자부심을 안겨줘야 한다.

어린아이들은 책상을 옮길 때 책상 모서리만 잡아도 자기가 책상을 움직였다고 생각한다. 이처럼 사람은 본능적으로 세상의 중심이 자신에게 있다는 자기중심적 사고를 하기 마련이다. 조직 구성원도 마찬가지다. 자신의 노력과 역할로 기업이 발전하고 조직이 변화되길 열망한다.

리더는 구성원들의 방향성을 잡아주는 배의 조타수 같은 역할을 해야 한다. 구성원들에게 목적의식을 심어주고, 그들이 자신의 역량을 발휘하여 목표를 이루고 실현할 수 있게 도와주는 지렛대가 되어야 한다.

보완재 같은
사람이 되자

한 음식점이 망하면 그 옆에 있는 다른 음식점이 흥한다. 석유차가 비싸니까 전기차가 개발되었다. 콜라와 사이다도 서로 앙숙 같은 존재다. 이처럼 한 물건이 없어지면 그걸 대신해서 쓸 수 있는 물건을 '대체재'라 한다.

이런 대체재 효과를 기업에서는 전략적으로 사용하기도 하는데, 일명 '대체재 전략'이다. 동일한 물건이 같은 효과를 내는 것으로, 하나가 없으면 그 자리를 다른 하나가 대신하는 것을 말한다. 인사부에서 주요 부서에 대신 일할 수 있는 사람을 상시 배치하고 채용하는 전략이기도 하다.

반면 '보완재'는 서로 돕고 돕는 사이다. 커피와 설탕이 대표적인 보완재다. 식빵과 잼도 좋은 보완재다. 서로 돕고 사는 관계다. 핸드폰과 터치펜도 없어서는 안 될 궁합이 좋은 관계다.

내가 생각하는 인간관계는 대체재와 보완재의 절묘한 관계다. 내가 사라지면 누군가 나를 대신해서 그 자리를 메꾸는 대체재가 있는 반면, 내가 있어야 성과가 나는 보완재 관계가 있다.

나의 경영 방침은 직원들을 나를 100퍼센트 대신할 수 있는 대체재로 만드는 것이다. 그 대체재는 나에게 둘도 없는 보완재가 된다. 다시 말해 내가 없어도 운영되는 회사를 만드는 것이다. 나를 대신해주는 대체재로 인해 내 역할이 줄어들어 아쉽기는 하겠지만, 그들은 나를 쉽게 해주는 120퍼센트 보완재이기도 하다.

대체재는 방심할 틈을 안 준다. 항상 자신을 부족하게 만들어 비교하고 계발하게 만든다. 그래서 나보다 더 나은 사람들과 경쟁하면서 더욱 노력하게 된다.

하지만 늘 극심한 경쟁구도에 놓여 있는 직장인들은, 능력이 부족한 나를 해고하고 대체재, 즉 다른 사람을 고용할지도 모른다는 걱정 때문에 매일 스트레스에 시달린다. 또한 스스로 정한 높은 기준에 도달하지 못해 회의감에 빠지고, 자기부정과 자기불만족으로 힘들어한다. 극심한 경쟁 끝에 자살이라는 극단적인 선택을 하는 사람도 있다.

조직에서의 대체재는 스트레스이기는 하나, 그 스트레스를 극복하기 위해 끊임없이 노력하게 만드는 일등공신이며, 성공을 위한 핵심 동력이 되기도 한다. 대체재에 밀려 실패와 좌절을 맛볼 수도 있지만, 대부분 대체재의 공격을 받으면 보다 강해진다. 선의의 경쟁을 함으로써 함께 성장하기도 한다.

직원들은 주로 대체재에 신경을 쓰지만, 경영자는 보완재의 역할에 관심을 가져야 한다. 실제로 조직에서는 대체재보다 보완재의 역할이 더 많다. 부서가 서로 보완재 역할을 해야 조직이 성장할 수 있다. 구성원들은 서로를 위해 존재하고 상부상조해야 한다. 다시 말해 내 존재가 조직에서 없으면 안 될 보완재 역할을 해야 한다.

단순한 음식도 서로를 보완해주면서 생존한다. 삼겹살과 상추, 짜장면과 단무지도 절묘하게 보완하면서 서로의 존재 가치를 높이지 않는가. 너 죽고 나 살자고 끝까지 싸우는 대결 구도를 불러일으키는 것은 바람직하지 않다.

누구나 대체재 없이 자신이 가진 노하우가 최고이길 바라는 마음일 것이다. 하지만 자신의 기술을 나눠주고, 자기가 아니어도 돌아갈 수 있는 조직을 만들고 서로 보완해가면서 사는 지혜를 가질 때 개인은 물론 조직도, 기업도 지속 가능한 성장을 이뤄낼 수 있다.

공든 탑은
한순간에 무너진다

　승승장구하다 실패한 사람들은 '잘나갈 때일수록 방심하지 말고 오늘보다 더 나은 내일을 준비하라'고 사람들에게 경고한다. 그들은 어제의 화려한 영광이 오늘도 내일도 계속 이어질 것이라 생각해 내일을 준비하지 않았다며, 오랫동안 힘들게 번 돈을 하루아침에 다 날릴 줄 몰랐다고 말한다.

　사업이 잘되고 높은 수익을 거둘 때일수록 새로운 아이템을 준비해야 한다. 개발할 여력이 있음에도 계속 잘나갈 줄 알고 여유를 부리다가는 부지불식간에 망한다.

　경영자는 오늘의 성공을 머릿속에서 지우고, 잠재 고객을 위해 한결같은 마음으로 일해야 한다. 그래야 오늘의 기업이 내일의 기업으로 이어질 수 있고 신규 고객도 지속적으로 창출될 수 있다.

　단기간에 별 고생 없이 성장한 회사들 중에는 위기에 봉착하거나 성장에 걸림돌이 생기면 이를 극복하지 못하고 주저앉아버리는 회사가 많다. 급성장을 하는 바람에 제대로 된 체계가 갖추어져

있지 않은 데다 구성원들의 결속력도 약해 아무런 대책 없이 위기를 맞기 때문이다. 게다가 지금을 무계획적으로 흥청망청 쓰고, 경영주가 회사 돈을 개인 돈이라고 생각하는 것도 원인이다.

　성공에 취해 경쟁력을 키우는 데 무관심하고, 회사 돈을 쓸데없는 곳에 쏟아 붓고, 다음 세대를 이어갈 아이템도 준비하지 않은 채 대기업과 무리하게 경쟁적으로 싸우는 데 자금을 쓰느라 기진맥진해 마지막엔 다들 장렬히 전사한다.

　더구나 주먹구구식으로 일하다 보니 시간과 자금이 부족하고, 고객 응대에도 일관성이 없어지고, 핵심 고객만 관리하는 나쁜 기업문화마저 생긴다. 다시 말해 회사에 도움이 되지 않는 사람은 멀리 하고, 도움이 되는 사람은 가까이 하는 서열 매기기식 양상을 보이면서 신규 잠재 고객 창출의 기회마저 놓친다.

요즘은 대기업이나 중소기업이나 신규 아이템의 성공을 장담할 수 없다. 한 제품이 성공해서 트렌드가 되는, 즉 대중화가 되려면 10년이 걸린다고 한다. 조금 성공했다고 함부로 성공을 말해서는 안 된다. 아이템이 대중화될 때까지 기다리고 또 기다리며 계속 노력해야 한다.

기업이나 국가도 흥하면 망하고, 성하면 쇠하는 것이 역사다. 사람이나 나라의 운명이 정해져 있지 않고 돌고 돌아 늘 변하는 것이긴 하지만, 모든 게 한순간에 변하는 게 자연의 이치다.

댐에 생긴 작은 구멍으로 인한 균열로 거대한 댐이 한순간에 무너지는 것처럼, 각광받던 기업도 한순간에 무너지는 게 현실이다. 무슨 일이든 항상 간절한 마음으로 한결같은 마음으로 노력을 아끼지 않아야 한다.

리더가 변해야
조직이 살고 세상이 바뀐다

조직의 선두에 있는 리더들은 본인이 항상 최고인 줄 안다. 여기서 1도 올라가면 자신감이 자만심으로 바뀐다. 사장은 월급으로, 깡패는 주먹으로, 검찰은 공권력으로, 군인은 무력으로 자신의 권력을 행사한다.

그들은 다른 사람의 심리를 꿰뚫는 데도 고수다. 상대방이 약점을 보이면 이를 꼬투리 삼아 괴롭히고, 자신의 문제점은 철저히 감춘다. 또한 다른 사람의 험담도 자주 한다. 도덕심은 동네 개한테 줘버린 상태다. 나이가 들수록 그런 성향과 고집은 더 심해진다.

그리고 조언과 비판을 아주 싫어한다. 입바른 소리를 했다간 되로 주고 말로 받는다. 혹 떼려다 혹 붙일 수 있다. 절대 아부만이 통한다. 성질나면 "내가 너를 이 바닥에서 죽이려고 맘만 먹으면 언제든지 죽일 수 있다"고 호언장담까지 한다. 겁을 하늘에다 박고 사는 분들이다.

무서운 이들이다. 겉보기엔 학력, 인격, 명예 등 남부럽지 않는 사람들이다. 실제로는 결함이 많은데도, 본인들은 완벽한 신의 작품이라고 생각한다. 삶의 이해력도 부족하고, 가치관도 없고, 행동마저 저렴한 자들이다.

인적 자원과 물적 자원은 물론 권력까지 가지고 있다 보니 어쩌다 누군가를 좀 도와주면 엄청 생색을 낸다. 그리고 상대방이 자신이 베푼 것에 대해 감사의 표시를 안 하면 버릇장머리 없고 은혜도 모르는 자라고 폄하하고 다닌다.

이들에게도 천적은 있지만 중요치 않다. 천적을 만나면 머리가 땅에 닿고, 눈은 아래만 바라본다. 말투뿐만 아니라 모든 행동이 온순해진다. 약자에게 강하고, 강자에겐 한없이 약한 자들이다.

그리고 웬만한 사람이랑 싸우면 패배란 걸 모른다. 주변 사람을 총동원해서 어떻게든 이기려고 한다. 누가 조금만 옆에서 추켜세우면 골목대장이 따로 없다. 아주 거만한 자들이다.

게다가 누구나 자신을 좋아한다고 생각한다. 자기가 잘나서 사람들이 자기 앞에서 무릎을 꿇는다고 생각한다. 자기가 강해서 그러는 줄 알고 우쭐댄다. 참 어린애 같은 자들이다.

리더가 변해야 조직이 살고 세상이 바뀐다. 리더의 마음은 엄마 같은 마음이어야 한다. 자식을 사랑하는 그런 지극 정성 리더십이 필요하다. 자신의 능력이나 힘을 과시하는 리더십은 절대 오래 못 간다.

자신의 약점이나 실수, 잘못을 인정하고 사람들에게 진정성 있는 모습으로 다가갈 때 진짜 리더로 거듭날 수 있다. 어떻게 인간이 결점이나 흠이 하나도 없을 수 있단 말인가?

완벽한 리더란 없다. 항상 완전무결한 모습으로 앞장서기보다 자신의 민낯까지 보여줄 수 있어야 주변 사람들로부터 존경받고 끝없이 발전하는 리더가 될 수 있다.

한 만큼 되돌아오는 게
인생이다

자연이나 사람이나 똑같지! 뭐든 뿌린 대로 거두는 법!

"되로 주고 말로 받는다"는 속담이 있다. 조금 주고 크게 얻는다는 뜻인데, 상대방을 조금 괴롭혔을 뿐인데 그보다 훨씬 혹독한 대가를 치른다는 뜻도 있다.

이 속담은 주로 좋은 의미보다는 나쁜 의미로 많이 사용된다. 한 만큼 준 만큼 되돌아오면 덜 억울할 텐테, 남의 잘못 하나를 들추면 상대방은 내 잘못 열 가지를 들추고, 내가 한 대 때리면 상대는 열 대 때린다면 너무나 억울할 것이다.

하지만 '사필귀정(事必歸正)'이나 '인과응보(因果應報)'라는 말에는 다들 동의할 것이다. 사필귀정은 처음에는 옳고 그름을 제대로 판단하지 못하더라도 모든 일은 결국에 가서는 반드시 옳은 길로 돌아간다는 뜻이다. 인과응보는 선을 행하면 선의 결과가, 악을 행하

면 악의 결과가 반드시 뒤따른다는, 원인을 제공한 대로 결과가 나타난다는 뜻이다.

  사정이 안 좋은데 누군가가 돈을 빌려줘 한 고비 넘겼다면 돈을 빌린 사람은 마음의 빚을 지게 된다. 그런데 빚을 갚는 과정에서 돈을 빌려준 사람과 원수지간이 되는 경우가 종종 있다.

빚을 진 사람은 돈뿐만 아니라 마음의 빚까지 생기기 때문이다. 평소 자주 연락하던 사이인데도 연락을 못하고 혹시나 빌려준 사람이 빨리 갚으라고 할까 봐 전전긍긍하는데, 막상 그 말을 들으면 미안하면서도 섭섭한 마음이 들어 더 멀어지는 것이다. 만일 빌려준 사람이 고소라도 하면 진짜 원수지간이 되어버린다.

어떤 이유든 간에 빌린 돈을 갚지 않으면, 남에게 피해를 준 만큼 자신이 되돌려받게 마련이다. 인과응보다. 어려움에 처했을 때 누군가로부터 도움을 받았다면 상대방에 대한 고마움을 잊지 말고 반드시 보답해야 한다. 그렇지 않으면 배은망덕한 사람으로 취급받는다. 이것이 인간관계의 상호법칙이다.

그러나 돈도 돈이지만, 돈보다 중요한 사람의 마음에 지울 수 없는 상처가 나는 게 더 큰 문제다. 단순하게 생각하면 돈을 빌렸으면 잘 갚으면 되는 것인데, 이 과정에서 생기는 마음을 서로 모르고 배신하기 때문에 문제가 생기는 것이다.

사람의 마음이 보이는가? 절대로 안 보인다. 자신만 보이는 게 사람이다. 그래서 상대방의 마음은 뒷전이고 자기 편할 대로 생각하고 산다. 그런데 이렇게 살면 인생이 엄청 꼬인다. 성공하기가 쉽지 않다.

반면 성공한 사람들은 *상대방의 손과 발을 얻으면 30퍼센트의 능력을 얻는 것이고, 상대방의 머리를 얻으면 60퍼센트의 능력을 얻는 것이지만, 상대방의 마음을 얻으면 120퍼센트의*

능력을 얻는다고 생각하며 산다. 그래서 사람들 마음에 상처를 주지 않으려고 노력한다.

그들은 누군가의 노력에 대한 고마움과 은혜에 보답하려 하고 솔선수범한다. 자신이 한 만큼 돌아온다는 사실을 잘 알기 때문이다. 또한 자신을 믿고 따르는 사람들에게 노력 이상의 대가와 대접을 해주면서 믿음을 주고 감동을 준다.

리더가 최선을 다하면 직원들이 목숨 바쳐 일하는 것이 사필귀정이요, 뒤에서 나쁜 짓을 하면 언젠가 직원들이 배신하는 것이 인과응보다. 리더가 회사 돈을 사리사욕을 위해 몰래 쓰면 언젠가는 마른하늘에 날벼락이 떨어지는 것처럼 뜻하지 않는 불행과 고통을 당하게 된다.

사람과의 인간관계에서 그 어떤 법칙도 정답도 없지만, 동고동락한 사람을 위해 먼저 배려하고 콩 반쪽이라도 나눠 먹는 리더가 될 때 사람들의 진정 어린 마음을 얻게 될 것이며, 그들의 능력 에너지를 120퍼센트 사용할 수 있을 것이다.

회사의
진짜 주인을 찾아라

　성공한 기업은 다들 우수한 제품을 가지고 있으며, 그들만이 제공할 수 있는 차별화된 서비스와 브랜드를 가지고 있다. 그리고 그것들을 지키고 유지하기 위해 끊임없이 혁신하고 노력한다. 또한 어떤 제품을 만들든 순식간에 홍보하거나 입소문을 퍼뜨리는 능력까지 가지고 있다. 또한 기업의 브랜드 가치를 높이기 위한 아이덴티티 전략을 체계적이고 지능적으로 수립해 강력한 마케팅을 펼친다.

　그 결과 수많은 충성 고객이 생기고, 이들이 창출한 이윤으로 새로운 제품을 개발하고 마케팅에 더 많은 투자를 해 기업의 브랜드 가치는 하늘 높은 줄 모르고 치솟는다. 이런 선순환이 계속되면서 성장에 성장을 거듭한다.

　이런 회사의 성장 동력은 회사를 내 회사로 생각하고 자신의 일을 묵묵히 해내는 열정 넘치는 직원들이다. 그러므로 직원들에게 주인 정신을 심어줘 스스로 회사의 주인으로 행동하게 만드는 것

이 무엇보다 중요하다.

물론 월급 때문에 열심히 일하는 직원도 있다. 하지만 진짜와 가짜는 위기 상황일 때 가려진다. 회사의 상황이 좋을 때는 다들 주인처럼 일하지만, 회사가 위기에 처하거나 힘들어지면 진짜 주인은 남고, 가짜 주인들은 다 떠난다. 진짜 주인은 항상 묵묵히 일하지만, 가짜 주인은 호들갑을 떨며 생색내기 바쁘다.

그래서 회사의 눈부신 성장 이면에는 회사를 일으켜 세운 CEO보다 더 진정한 주인인 직원들이 있는 것이다. 이런 직원들이 만든 제품에는 혼이 담겨 있다. 그래서 경쟁업체가 흉내 내기 힘든 제품이 탄생한다.

회사를 자기 회사라는 생각으로 일하는 직원과 회사를 직원들의 회사라 생각하고 경영하는 대표가 있는 회사는 지속적으로 성장하고, 위기가 닥치더라도 모두가 합심하고 일심동체가 되어 잘 극복할 수 있다. 그리고 이 과정에서 더 큰 성장 기회를 얻는다.

고객 만족도보다
직원 만족도를 높여라

구멍가게 수준의 기업을 운영하든 대기업 수준의 다국적 기업을 운영하든 모든 경영자들은 기업을 성장시키기 위해 각고의 노력을 아끼지 않는다. 하지만 기업의 규모에 따라 관리 포인트는 현격한 차이가 난다. 그게 경영의 사이즈다.

그렇지만 경영 방식 따라 구멍가게 수준의 기업도 대기업으로 발전해갈 가능성이 있다. 이는 기업의 성장 발전 핵심 포인트를 어디에 두느냐에 달려 있다.

핵심 포인트를 관리 혁신에 두면 기업은 고속 성장할 수 있다. 사실 다른 혁신들은 누구나 쉽게 따라 할 수 있지만, 관리 혁신은 따라 하기가 힘들다. 경영자의 뚜렷한 경영 철학과 독특한 힘이 있어야 가능하기 때문이다.

회사 규모가 작다고 주머닛돈이나 쌈짓돈 방식으로 경영하지 말고, 독보적인 관리 혁신을 해보자. 기업의 규모에 상관없이 어떤 기업이든 시도해볼 수 있는 중요한 관리 혁신 포인트는 '만족 서비스'다. 여기서 만족은 '고객 만족'과 '직원 만족'이다.

고객 만족은 경영의 모든 부문을 역지사지로 고객의 입장에서 생각하고 고객을 감동시켜 기업을 유지하고자 하는 경영기법으로 1980년대 후반부터 미국과 유럽 등지에서 주목받기 시작하였다.

고객을 만족시키고 고객 기대에 부흥함으로써 좋은 제품을 생산해서 제공하고, 고객 만족도를 높이기 위해 고객의 불만을 처리하는 일련의 행동들이다.

직원 만족은 내부 고객인 직원을 만족시키는 것이다. 사원들의 복지 향상과 일체감 조성 등으로 직원의 만족도를 높이는 것은 고객 만족 서비스를 위한 필수 요소다. 제품 기획 단계에서부터 설

계, 디자인, 제작, 사후 서비스 등 모든 단계에 이르기까지 이를 관리하는 사람은 직원들이다. 이들은 제품에 내재된 기업 문화 이미지와 함께 상품 이미지, 기업 이념 등을 고객에게 제공하므로 직원 만족이 이루어지지 않고는 고객 만족 역시 있을 수 없다.

　결국 직원의 충성도에 따라 소비자에게 기대 이상으로 만족감을 안겨줘 고객의 재구매율을 높이고 해당 기업의 제품 선호도가 지속되는 것이다. 다시 말해 회사 발전의 첫 번째 기준은 고객 중심 경영이지만, 고객 만족도는 직원 만족도에서 비롯된다고 볼 수 있다. 내부 고객인 직원들부터 만족시켜야 외부 고객 서비스의 질도 높아지는 것이다.

그런데 돈만 있으면 직원도 만족시키고 고객도 만족시킬 수 있다고 생각하는 경영자들이 많다. 물론 재무제표가 회사의 신용도를 보여주듯이, 경영에 있어 현금흐름은 무엇보다 중요하다. 하지만 회사의 서비스를 측정하는 건 재무제표가 아닌 직원과 고객의 만족도다.

직원 만족, 고객 만족, 그다음이 돈이어야 한다. 회사의 경영 방식에 만족하는 직원들이 많을수록, 이들이 고객을 만족시키고, 그렇게 만족한 고객들이 회사에 큰 이윤을 가져다준다는 사실을 잊지 말자. 특히 회사의 규모가 작을수록 이 점을 명심해야 한다.

사람이
최고의 재산이다

　엄홍길 대장은 세계 최초로 히말라야 16좌를 등반한 대한민국의 자랑스러운 산악인이다. 그와 함께 히말라야 4좌를 오르면서 생사고락을 함께하며 누구보다 각별한 우정을 나눴던 산악인 박무택 대원이, 다른 대원과 함께 에베레스트 등반에 나섰다 하산길에 실종되었다. 엄홍길 대장은 1년 뒤 해발 8,750미터 에베레스트 '데스존(Death Zone, 인간의 접근을 허락하지 않는 신의 영역)'에 묻혀 있는 그의 시신을 수습하기 위해 원정대를 꾸려 목숨을 건 등반을 시작한다. 죽은 자를 위해 목숨을 걸고 에베레스트를 오르는 일은 산악 역사상 그 누구도 도전하지 않은 위대한 등반이었다.

　"기다려, 우리가 꼭 데리러 갈게."

　그들의 감동적인 이야기가 〈히말라야〉라는 영화로 제작되었다. 자연의 힘 앞에 굴복할 수밖에 없는 나약한 인간의 한계에 도전하는 산악인의 모습에서 생명의 존엄성과 인연의 소중함, 뜨거운 동료애, 그들의 용기에 박수를 보내지 않을 수 없다. 원정대는 힘겹

게 박무택 대원의 시신을 발견했지만, 강풍을 동반한 거센 눈보라 앞에 그를 결국 산에 묻고 돌아올 수밖에 없었다.

그들이 목숨을 걸고 엄청난 역경을 극복할 수 있었던 것은 피를 나눈 형제보다 더 끈끈한 동료애가 있었기 때문일 것이다. 그들은 히말라야에서 모두 하나였고, 또 다른 가족이었다. 그런 사람들과 함께하면 그 어떤 고난도 이겨낼 수 있을 것이다.

나 역시 그런 동료들이 있다. 창업 때부터 지금까지 동고동락하면서 힘든 시기를 함께 보낸 그들은 내 인생 최고의 보물이자 재산 1호이다. 그들이 있었기에 지금의 내가 존재하는 것이다.

그들의 노력으로 회사가 성장했고, 그 덕분에 세이펜은 대한민국 교육에 있어 중요한 존재 가치를 갖게 되었다. 서로에게 없어서는 안 될 운명적인 만남이라 생각하고, 우리가 정한 목표와 꿈을 이루기 위해 각자의 자리에서 최선을 다했다. 그 결과 회사는 성장을 거듭했다.

이제는 세이펜의 발전과 개발을 위해 많은 사람들이 흘린 땀과 노력에 대한 보상을 할 차례이다. 계열사를 확장해 그들에게 나눠 주는 것이 내 마지막 경영 목표다. 이를 위해 지금보다 더 열심히 일하고 더 큰 성공을 거둬야 하는 책임감이 생겼다.

오늘의 매출에
만족하지 마라

오르막길이 있으면 반드시 내리막길이 있듯이, 절대 승자는 없다. 지금 잘되고 있다고 끝없이 잘될 거라고 믿어서는 안 된다. 음지가 양지되고 양지가 음지될 수 있는 게 자연의 이치다. 기업의 운명도 인간의 삶과 크게 다르지 않다.

회사의 제품이 탄생되는 도입기에서 발전기, 성숙기, 포화기, 쇠퇴기로 이어지는 전 과정을 '라이프사이클(Life Cycle)'이라 하는데, 인간의 생로병사 과정이랑 비슷하다. 라이프사이클에서 현재 어느 위치에 서 있는지를 잘 파악해야 한다.

세이펜은 도입기를 지나 발전기를 거쳐 이제 막 성숙기에 진입했다. 이때가 중요하다. 자칫 방심하다 언제 내리막길을 걸을지 모르므로 연구개발(R&D) 활동을 계속해야 한다. 하지만 여기에는

막대한 자금이 투자되므로 경영자의 의지가 중요하다.

사실 우리 회사도 발전 단계에서 콘텐츠 개발과 다양한 제품 개발을 위해 과도하게 투자하느라 매우 힘들었다. 하지만 그때 무리수를 둔 덕분에 아직까지 잘 성장하고 있다. 지금의 성공에 안주하지 않고 최첨단 기술 연구와 다양한 제품 개발을 위해 지속적으로 투자한다면 도입기와 발전기에 겪었던 고통을 보상받을 수 있고, 더불어 지속 가능한 기업으로 거듭날 수 있다.

잠시 한눈을 파는 사이 더 뛰어난 기능과 가격, 디자인으로 무장한 경쟁 제품이 나오거나 혁신적인 대체품이 등장해 자사의 제품을 시장에서 밀어낼 수 있으므로 긴장을 끈을 놓아서는 안 된다.

또한 판매촉진비와 개발비 등으로 가격 인상이 불가피한데도 경쟁적으로 가격 인하가 이뤄져 이익률이 감소하는 상황도 예측해야 한다. 따라서 성숙기에는 신제품 개발과 마케팅 계획이 너무나 중요하다. 최근 들어 중국 샤오미와 화웨이가 저가 제품으로 공격적인 마케팅을 펼쳐 시장을 잠식해나가고 있다. 이에 삼성전자와 LG전자도 울며 겨자 먹기로 가격을 인하할 수밖에 없었고, 이익률이 하락해 큰 손실을 입었다.

자사의 제품이 최고의 절정 단계인지 항상 자문해보아야 한다. 오늘까지의 매출을 기점으로 하락할 수도 있고, 더 성장할 수도 있다. 어설픈 발전기를 지나 성숙기 입구에 서 있다면 성숙기 말기에는 매출이 감소하게 마련이므로 이를 경계하고 미래를 준비해야 한다. 제품들의 경쟁 동향과 차별성을 정확히 파악하여 도입기, 발전기, 성숙기, 포화기, 쇠퇴기에 이르는 전 과정의 장단점을 제대로 분석해야 기업의 생존과 지속 가능성을 가늠할 수 있다.

더불어 다양한 상품군을 추가적으로 생산하고, 신규 상품군을 포함한 제품구성(product mix)으로 고객 니즈에 맞춰 시장을 세분화해 트렌드를 주도해야 한다. 또한 글로벌 시장을 확대해 매출을 극대화해야 한다.

100명이
하나 되는 힘

보통 기업은 성장과 발전을 위해 뛰어난 인재를 선발하면 2배의 성장을 하고, 연구개발에 기업 이윤을 투자하면 4배 정도 발전한다고 한다. 하지만 기업의 문화를 바꾸면 8배의 성장을 하고, 기업 이미지를 디자인하면 12배의 성장을 한다고 말한다.

그런데 전 조직원을 하나로 묶으면 그 조직은 한계점이 없는 성장과 발전을 한다. 다시 말해 한 조직체가 성장·발전하려면 조직원의 힘을 하나로 묶어야 한다. 화살 한 개는 쉽게 부러지지만 열 개를 묶은 화살은 여간해선 부러지지 않는 것과 같은 이치다.

맹자는 '천시불여지리 지리불여인화(天時不如地利 地利不如人和)'라고 했다. 이를 풀이하면 하늘의 때는 땅의 이익만 못하고, 땅의 이익은 사람의 화합만 못하다는 뜻이다.

전쟁에서 승리하려면 이 세 가지가 있어야 하는데, 아무리 선견지명으로 천시를 내다보고, 높은 성을 쌓고 제방을 깊게 파서 자연을 방패로 삼는 지형지물을 활용하더라도 병사가 하나로 뭉쳐 화

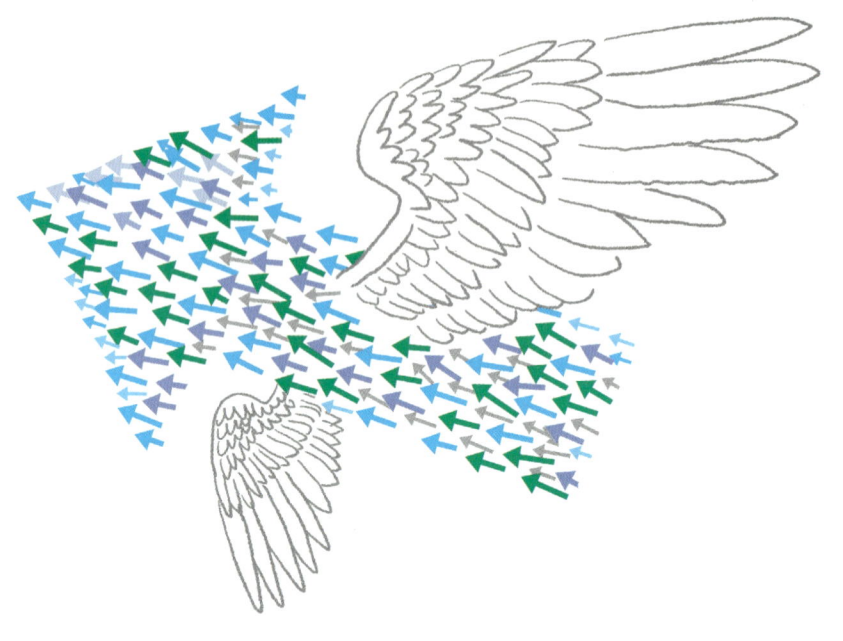

합하지 못하면 결코 이길 수 없다는 의미다.

이처럼 아무리 좋은 여건과 강력한 역량을 갖추더라도 조직 구성원들의 인화가 이루어지지 않는다면 그 조직은 성공할 수 없다. 승리는 화합과 대동단결에 있다. 세상 어떤 조직이든 망한 원인을 들여다보면, 각자의 입장이나 이익을 우선한 나머지 대부분 화합을 이루지 못했기 때문이다. 성공하는 힘은 100명이 하나가 되는 것이다.

《손자병법》에는 "장수로부터 말단 병사까지 그 원하는 바가 같아야만 이긴다"고 나와 있다. 문자 그대로 해석하면 윗사람과 아랫사람이 같은 걸 바라봐야 이긴다는 뜻이다. 요즘 용어로 풀면, 서로 비전을 공유한다는 의미다.

그만큼 멀리 내다보는 것이 비전이다.

비전의 사전적 의미는 시력, 시각, 선견지명, 예측, 상상력, 통찰력 등이다. 멀리 내다보는 시야를 말하는 듯싶다. 최고경영자와 조직의 리더는 30년을 내다볼 수 있는 저력이 있어야 한다. 30년은 비전을 보여주는 한 주기다. 30년을 한 주기로 보는 이유는 사람이 태어나서 결혼해서 자식이 태어나는 기간까지를 30년으로 보기 때문이다. 이 기간을 '한 세대'라고 한다.

리더가 올바른 비전을 제시하고 아랫사람의 충성심이 어우러지면 그 조직은 백전백승할 것이다. 하지만 같이 일하는 사람들에게 신뢰를 받지 못한다면 절대 성공할 수 없다. 애사심과 기업에 대한 충성심이 사라져 화합을 이루지 못하는 기업은 언젠가는 망한다.

싸우지 않고
이기는 방법

어떤 제품의 시장점유율이 높아지면 시장은 전쟁터로 변하는 경우가 많다. 내가 시장에서 세력을 확대하고 주도하는 것을 경쟁자가 가만히 지켜보고 있지만은 않기 때문이다. 내 힘이 더 커지기 전에 영업 세력을 무력화시키기 위해 혼신의 힘으로 공격을 퍼붓기 때문이다.

그럼 어떻게 해야 이길 수 있을까?

첫째, 싸우는 게 절대 능사가 아니란 걸 알아야 한다. 승리가 목적이 되어서는 안 된다. 목적 달성이 승리다. 적이 싸움을 걸더라도 목적 없는 싸움을 해서는 안 된다. 목적 없는 싸움은 의미가 없으니 경쟁사가 유사제품을 만들어 건들더라도 감정적으로 싸우지 말아야 한다. 쓸데없는 자존심 싸움은 절대 하지 않아야 한다.

둘째, '지피지기 백전백승'이란 말을 명심하자. 적의 약점과 강점, 그리고 나의 약점과 강점을 파악한 뒤 이길 승산이 있을 때 싸우면 반드시 이길 수 있다는 말이다. 항상 적의 동태를 살피는 게 중요하다.

셋째, 싸움은 속전속결로 끝내야 한다. 싸움은 회사와 직원들에게 많은 피해가 갈 수 있으므로 집중해서 싸워서 최대한 빨리 끝낸다.

넷째, 싸우지 않고 이기는 방법이 최고다. 싸움을 하면 피해가 전혀 없을 수는 없지만, 피해가 없는 싸움이야말로 최고의 고수들이 하는 싸움이다. 그러기 위해서는 전략과 지략이 있어야 한다.

다섯째, 싸우지 않고 이기는 방법을 찾는다. 최고의 전략가들은 싸움에서 백전백승을 상책으로 삼지 않는다. 백 번 싸워서 이기는 것은 피곤하고 손실이 많다. 그래서 아예 싸움이 벌어지기 전에 적을 압도해 적을 굴복시킨다.

결국 다섯 번째 방법으로 승리하려면 경쟁자가 모방할 수 없는 최고의 제품과 품질 관리, 기술력으로 제품의 경쟁력을 높이고, 직원들과 하나가 되는 대동단결로 내부 결속력을 강화하고, 신경영 관리 기법을 도입하고, 핵심 기술을 강화해 시장을 장악하는 것이 상책이다.

다시 말해 적이 경쟁을 하면 할수록 힘들어질 수밖에 없는, 적이 나를 공격하기에 주저하게 만드는 나만의 강점을 가지고 있어야 한다. 그 강점이 최대 방어이자 적의 약점을 공격하는 최대 무기가 될 것이다. 적이 가장 싫어하는 나만의 강점을 만드는 것이 싸우지 않고 적을 이기는 조건이 된다.

전 세계 대기업 최고경영자들 가운데 《손자병법》을 읽지 않은 이를 찾아보기 힘들 정도다. 전쟁에서 승리하려면 병법을 익혀야 하는 것처럼, 치열한 경쟁에서 살아남기 위해서도 병법을 알아야 한다. 전쟁에서 승리하기 위한 집념과 의지로 《손자병법》을 읽는다면 다른 사람들이 감히 엿보지 못하는 무서운 사고력을 갖게 될 것이다.

알렉산더 대왕의
솔선수범 리더십

위대한 정복자 알렉산더 대왕은 그리스, 페르시아, 인도에 이르는 대제국을 건설하여 동서양의 문화를 하나로 만든 헬레니즘 문화를 이룩하였다. 그는 계속된 승리에 도취된 부하들에게 "안락한 생활은 노예에게나 어울리는 것이며, 엄격한 생활이야말로 왕에게 어울리는 것이다"라고 책망할 정도로 극기심이 강했다.

특히 알렉산더는 페르시아로부터 지배 통치를 받던 이집트를 해방시키려 페르시아군을 공격하면서도 그들을 차별하지 않고 통치기구에 편입시키고, 침략자로 군림하지 않고 제휴관계를 통해 아군을 만들 정도로 뛰어난 통치력을 보였다.

동서 문화 융합을 위해 점령지의 여성들과 휘하의 병사들을 결혼시키기도 했다. 그 결과 동서의 문화가 융합된 헬레니즘 문화가 탄생했고, 이후 인도에 영향을 미쳐 간다라미술이 생겨났다.

그리고 지배 지역 부족들에게 오늘날의 기업 경영처럼 다양한 서비스를 하겠다는 통치 문화를 내걸고 지배 세력의 반란을 억제

하면서 세력을 확대해나갔다. 이는 오늘날 기업에서 경영자가 직접 경영을 하지 않고, 직원들을 효과적으로 관리하는 맥도날드, 스타벅스 등의 프랜차이즈와 유사한 형태로, 점령 지역을 가맹점 모집하듯 늘려가는 새로운 정치 형태를 만들었다.

그는 일반인의 상식을 뛰어넘는 대담한 왕이었다. 특히 고르디아스의 매듭에 관한 일화가 유명하다. 소아시아 프리지아의 왕 고르디아스는 왕이 된 기념으로 제우스의 신전 기둥에 매우 복잡한 매듭으로 수레를 묶어놓았는데, '그것을 푸는 사람이 아시아의 지배자가 된다'는 전설이 있었다. 이 매듭을 풀기 위해 수많은 사람이 도전했지만 아무도 성공하지 못했다. 마침 페르시아 정복 길에 올랐던 알렉산더는 이 매듭을 단칼에 내리쳐 끊은 뒤 "나는 이제 아시아의 왕이 되었다"고 외쳤다.

그리고 해군이 막강한 페르시아가 항상 정복의 걸림돌이었지만, 그는 막대한 비용이 드는 해군을 만드는 대신 페르시아 해군이 식수를 위해 해안선을 따라 정착하는 것을 알곤 식수 보급로를 공격하여 페르시아 해군을 괴멸시켰다. 또한 섬 전체가 성벽으로 둘러싸여 있는 데다 식수마저 풍족한 난공불락의 요새인 티루스섬(오늘날 티레)을 공격하기 위해 바다를 메워 긴 방파제를 만들어 함락시켰다.

최고의 군사 전략이나 경영 전략을 모방해서 따라 할 수는 있어도 그 방법을 뛰어넘기는 힘들다. 알렉산더처럼 이미 선두주자를 뛰어넘은 기인들을 이기기 위해서는 일반적인 상식이나 고정관념에서 벗어난 다른 방법으로 시도해야 한다.

이와 마찬가지로 사업을 시작한 지 수십 년이 되는 회사나 이미 신규 시장을 장악한 개척자들을 이기기란 쉽지 않다. 정석으로는 힘들다. 상식을 뛰어넘는 방법을 찾아야 한다.

알렉산더는 정석을 깨는 사고력도 뛰어났지만, 이보다 더 강한 건 리더십과 솔선수범, 성실성까지 갖춘 지도력이었다. 전쟁터에서나 경영 현장에서나 리더십은 다를 게 없다.

또한 그는 자부심과 명예를 강조했다. 병사들은 그런 그를 존경하고 영웅으로 바라보며 꿈에 도취되어 정복을 향해 다 함께 전진했다. 병사들은 항상 맨 앞에서 진두지휘하는 알렉산더의 등을 보면서 용기를 냈다. 경영자의 등도 알렉산더의 등처럼 조직 구성원들에게 힘을 주는 등이어야 한다.

백성들의 행복한 미래를 위해 비전을 제시하며 부하들을 자발적으로 움직이게 한 알렉산더는 솔선수범 리더였다. 그런 그를 보고 부하들은 목숨을 걸고 싸웠다. 부하들만 전쟁터로 보내고 자신은 편한 곳에서 쉬었다면 그들은 목숨을 걸지 않았을 것이고, 그는 아무것도 이루지 못하고 망하는 왕이 되었을 것이다. 경영자 역시 청춘을 걸고 일하는 직원들이 더 열심히 일할 수 있도록 앞장서서 솔선수범해야 한다.

리더는
스스로 행동한다

리더는 이론으로만 조직을 움직일 수는 없다. 현장 통솔력이 없다면 조직을 지키지 못하고 냉엄한 현실 앞에 무너지고 만다. 또한 자신의 자리마저 위태로워진다.

리더는 다른 사람에게 휘둘리지 말고 자신의 목표에 따라 행동해야 한다. 뚜렷한 목표가 없는 리더들은 성격이 좋다는 소리는 많이 듣지만 통솔력이 부족하다. 사람들을 이끄는 데 잡음이 없을 수 없다. 잡음을 제거하거나 통제하려면 강력한 통솔력은 필수다.

목표가 없는 리더가 이끄는 조직은 나태해지게 마련이다. 극단적으로 말해 온화하고 느긋하게 행동하는 리더는 조직 구성원들을 죽게 내버려두거나 길바닥에 나앉게 만든다. 그래서 리더는 항상 새로운 목표를 만들어 구성원들이 나태해지는 걸 막고 서로 전력질주하게 만드는 강력한 힘이 있어야 한다.

자신이 살고 있는 현실 속의 모습을 냉정하게 바라보지 못하면 조직의 생존은 장담할 수 없다.

조직을 살리는 리더는 직원들에게 항상 보다 높은 기준을 제시한다. 그리고 직원들부터 챙기고 자신의 행복은 그다음이다.

그리고 리더는 존경을 받는 동시에 두려운 존재여야 한다. 악인이란 소리를 듣기 싫어서 실수를 적당히 넘어가거나 묵인하면 조직의 기강이 흐트러지고, 결국 직원들을 실패의 수렁으로 끌고 가는 진짜 악인이 된다. 차라리 원망의 소리를 듣더라도 두려움의 대상이 되더라도 회사를 살리는 리더가 훨씬 좋은 리더다.

리더의 역할은 훌륭한 연기자가 되는 것이다. 선한 역을 맡아 직원들을 다치게 하고 회사를 망하게 하는 것보다 악역을 잘 소화해서 직원들을 잘살게 하고 행복한 회사를 만드는 생존극의 주연 배우가 되어야 한다.

리더가 존경과 사랑을 받으면서도 동시에 두려움의 대상이 되면 의사결정을 능동적으로 내릴 수 있는 힘을 갖게 된다. 그 힘으로 미래를 내다보고 준비하고, 자신의 책임과 역할을 견고히 다져나가야 한다.

암세포가 몸 안에서 더 자라기 전에 제거하는 것도 리더의 몫이다. 항상 위기의식을 가지고 암세포가 더 커지기 전에 신속하게 제거해야 한다. 그래서 생존 경쟁에서 반드시 살아남아 조직을 끝까지 지켜내야 진짜 리더다.

마음을
얻는 방법

나는 회식 자리에서는 직원들 옆자리에 앉고 걸을 때는 한 발 뒤에서 걷지만, 회사나 직원들에게 무슨 일이 생기면 항상 맨 앞에 나선다. 직원들의 생일 축하 자리나 직원 결혼식장에서도 한쪽에 조용히 서서 축하해주지만 그들이 나의 도움을 필요로 하거나 나의 힘을 원할 때는 항상 앞장선다.

그들이 날 중요한 사람으로 여기고 느끼도록 늘 노력한다. 나는 그들이 몸담고 있는 회사의 생존을 책임지는 리더이자, 그들의 동반자이기 때문이다. 그리고 그 어떤 경우에도 나 혼자 도망가거나 실패에 대한 핑계를 대지 않는다. 그래야 나와 직원들 사이에 신뢰의 힘이 만들어진다.

리더는 매사에 신중하고 겸손하게 행동해야 한다. 리더는 내가 아닌 다른 사람의 힘, 즉 직원들의 힘을 빌려 성과를 내는 사람이기 때문이다.

리더가 지위와 권력만으로 팀을 이끌거나 움직이려 하면 안 된다. 지금은 권위적이고 강압적인 아빠의 리더십이 아닌, 따뜻하게 다독이고 보듬어 안는 엄마의 리더십이 필요한 시대다.

리더와 팀은 어떤 상황에서도 운명을 함께하고, 동고동락하는 영원한 동지요, 동반자이므로 뱃멀미를 느껴도 같이 느끼고 풍경을 느껴도 같이 느껴야 한다.

서로 존중하고, 상대방의 대한 배려심과 자신의 위치에서 솔선수범하는 책임감을 가지고, 헌신적인 노력을 한다면 저절로 서로의 관계가 개선되고 돈독해진다.

잔꾀나 얄팍한 술수를 부리지 않고 마음에서 우러나오는 진정성 있는 노력은 사람들의 마음을 움직이고, 그런 행동 하나하나가 모여 깊은 신뢰가 쌓인다.

인재와 신뢰는
성공의 초석

철없던 20대에 사업을 시작했을 때 나에게 사업을 알려주고 가르쳐준 사람은 아무도 없었다. 하지만 남들 잘 때도, 일하고 남들 공부할 때도 일하고, 남들 일할 때도 일하고, 남들 놀 때도 일해서인지 지금은 발전 가능성도 보이고 성공의 초석들이 만들어지고 있는 듯하다.

그런 과정을 거치면서 성공을 하려면 불퇴의 신념과 무너지지 않는 확고한 목표, 그리고 즐기는 여유가 있어야 한다는 걸 알게 되었다. 그리고 무엇보다 사람이 제일 중요하다는 것을 터득했다.

누군가 내게 사업을 하려면 뭐가 제일 중요하냐고 물어보면 주저 없이 사람이 제일 중요하다고 말한다. 제왕학에도 군주론에도 천하를 도모하기 전에 인재부터 뽑으라고 한결같이 말한다. 유비도 천하를 정복하기 전에 관우와 장비를 만났고 인재 중의 인재 제갈공명을 만나기 위해 먼 길을 마다하지 않고 삼고초려를 하지 않았던가.

두 번째는 신뢰가 중요하단 걸 배웠다.

각자의 견해와 이해관계가 다르므로 서로에게 신뢰가 형성되어 있는지 제대로 판단하기가 어렵다. 나만 잘한다고 신뢰가 생기는 것은 아니다. 내가 아무리 잘해도 신뢰가 눈곱만큼도 안 쌓일 수 있다. 같이 행동하면서도 속으로는 딴생각을 하고 있는 동상이몽(同床異夢)처럼 서로 생각하고 바라보는 시각 차이가 있기 때문이다.

신뢰는 상대방이 어떻게 생각하든 내가 상대방을 굳게 믿고 의지할 때 생기는 마음이다. 또한 상대방이 어떻게 행동하든 내가 말한 대로 약속을 지켜주는 굳은 의지가 신뢰다.

돈으로 인재를 살 수는 있지만 온전한 내 사람으로 만들 수는 없다. 믿지 않는 사람은 해를 입히고 떠나는 경우가 많지만, 끝까지 믿으면 언젠가 득을 준다. 신뢰의 힘은 상상할 수 없는 결과물을 만들어낸다.

머리가 아닌
가슴으로 품는 리더들

　인간은 마음이라는 큰 그릇을 가지고 있다. 실제로 눈에 보이는 크기는 주먹 두 개만 하지만, 그 안에 들어가는 양은 눈으로 가늠할 수가 없다. 무엇이든지 다 들어가는 블랙홀이다.
　마음속에는 성격과 품성이라는 통이 있다. 그곳엔 다른 사람과의 이해관계, 사물에 대한 판단과 감정을 담을 수 있다. 의지를 만들고, 생각을 만들고, 자신의 모습을 만드는 재료가 된다. 화도 내고, 사랑도 하고, 자상하기도 하고, 이기적이기도 한 수많은 행동을 이끌어내는 힘의 바탕이 된다.
　그 속에 자리 잡은 여러 가지 기억들이 사람을 기쁘게도, 슬프게도, 행복하게도, 미치게도 만든다. 사람의 마음은 어떤 일에 대한 관심거리가 생겨야 집중력이 생긴다. 그런데 그 집중력이 사물에 대한 옳고 그름을 분별하지 못하게 만든다는 게 문제다. 게임, 노름, 골프, 친구, 옷, 일, 성공, 술, 유흥 등 자기가 좋아하는 대상에 빠지면 일정한 심리 상태로 고정되면서 다른 파장이 생기지 않기 때문에 이런 문제가 생긴다.

  이런 심리 상태에 빠지면 한곳에 몰입하는 외골수적 성향이 생겨 타인의 말을 듣지도 않고 타인의 마음을 들여다보지도 않는다. 누군가를 좋아해 콩깍지가 씌면 심리 상태가 초긍정적으로 변해 상대의 단점이나 결점이 안 보이는 것도 이러한 이유다.

  마음은 나를 다스리고, 그 마음의 주인은 바로 나다. 성공한 사람들은 자신의 마음을 잘 조절하고, 감정을 잘 관리한다. 심지어 내가 아닌 다른 사람들을 움직여서 자신의 목표를 이뤄내는 뛰어난 능력자들이다. 게다가 따뜻한 배려와 인간성, 중용의 가치관까지 가지고 있다면, 자신의 생각과 행동을 상대방에 주입시키거나 기억시키는 능력까지 갖게 된다.

이런 힘을 가진 사람들은 주변 사람들에게 자신의 삶을 기억시키기 위해 노력하고, 조직과 집단을 구성하고, 주변 여건을 자신에게 유리하게 만든다.

돈이 많거나 학식이 높다고 상대의 마음을 움직일 수 있는 것은 아니다. 상대의 입장을 이해하고 배려하면서 정성을 들여 상대와 공감대를 형성해야 한다.

그리고 무엇보다 진정성이 있어야 한다. 상대를 이용하려고 베푸는 친절과 마음에서 우러나오는 친절은 처음에는 잘 구분되지 않지만, 시간이 지나면 명확히 구분된다. 참되고 변하지 않는 마음의 본체인 심성을 바라보고 느낄 수 있는 눈이 생기는 것이다.

심성은, 상대에게 진심으로 다가가고 상대를 배려하는 행동이 몸에 배어 있고 머리보단 마음으로 상대를 만나는 능력자들을 구분하는 눈이다.

머리로 100명을 거느리고자 하는 자보다 마음으로 1명을 대하는 올바른 심성을 가져야 한다. 머리가 아닌 마음으로 사람들을 품은 리더에게는, 심성이 뛰어난 능력자들이 모이고, 그들이 서로 힘을 모아 조직을 더욱더 강하게 만든다.

인사가
만사다

자고로 어떤 조직이든 간에 사람을 잘 써야 일이 잘 풀린다. 사람 한 사람 잘못 만나 쫄딱 망하는 경우가 비일비재하다. 그래서 옛날부터 '인사만사(人事萬事)'라 했다.

중국 역사상 가장 치열했던 초한전쟁의 승자는 물자와 병력, 규모 면에서 압도적인 우위에 있었던 초나라 항우가 아니라 오히려 모든 면에서 열세에 있었던 한나라 유방이었다.

천하를 얻은 유방은 신하들에게 항우와의 싸움에서 자신이 왜 이겼는지를 이렇게 말했다.

"나에게는 장막 안에서 천 리를 내다볼 줄 아는 능력을 가진 작전통 장자방이 있었고, 국가 내정을 잘 관리하고 적시에 군량미를 보급해주는 군수통 소하가 있었고, 백만 대군을 이끌고 연전연승하는 영업통 한신이 있었기에 천하를 얻을 수 있었던 것이다."

결국 좋은 인재 덕분에 천하를 얻을 수 있었다는 얘기다. 회사를 운영하는 데 있어서도 능력과 도덕성을 겸비한 인재를 선발하는 것이 무엇보다 시급하다.

  이때 한 가지 주의할 점이 있다. 인재를 선발하거나 조직에 배치할 때는 사적인 감정보다는 그 일에 가장 적합한 적임자를 발탁해야 한다는 것이다.

미국 초대 대통령 워싱턴이 취임했을 때 일이다. 정부의 중요한 직책의 적임자로 추천된 두 사람 중에 한 명은 워싱턴의 친한 친구였고 다른 한 명은 정적이었다. 다들 워싱턴의 친구가 그 자리를 맡게 될 것이라고 생각했고, 모든 언론도 그 사실을 기정사실화했지만 워싱턴은 정적을 요직에 임명했다.

워싱턴은 정적을 선택한 이유를 이해하지 못하는 사람들에게 "내 친구는 진실하고 선해서 피차 깊은 우정을 나누고 있으니 개인적으로야 물론 친구를 채용해 같이 일하고 싶었지만 객관적으로 볼 때 공적인 임무에 있어서는 정적만 못하다. 그리고 한 나라의 지도자로서 편파적인 조취를 취할 수 없는 일이다"라고 말했다.

좋은 인재를 가려 적재적소에 배치해야 사회도 국가도 번성하게 된다는 것을 잘 알려주는 일화다.

이렇게 사람이 중요한데 돈 때문에 사람을 버리는 경영자들이 있다. 돈 앞에서는 가족도 우정도 의리도 신뢰도 깨지는 게 현실이다. 내 사람을 지켜야 회사도 지킬 수 있다. 인사가 만사라는 만고불변의 진리를 잊지 말자.

앞에서는 대범하게
뒤에서는 예민하게

　무슨 일이 일어나기 전에 그와 관련하여 유사한 반응이나 각종 물리적 변화들이 일어나서, 위험 또는 행운이 오는 것을 시그널(신호)로 미리 알려주는 현상을 '전조현상(前兆現象)'이라 한다. 배가 고파서 꼬르륵 소리가 나는 것, 감기가 오기 전에 기침이 나는 것, 비가 오기 전에 팔 다리가 쑤시는 현상도 전조현상이다. 엄청난 고통에 시달리다 죽음에 이르게 하는 무서운 암도 몸에서 아프다는 신호가 미리 나오는 경우가 많으므로 조금만 신경 쓰면 사전에 예방할 수도 있다.

　우리나라 사람들은 평소 꾸지 않던 어떤 불안한 꿈을 꾸면 나쁜 일이 생길 것이라며 걱정을 앞세운다. 특히 설거지를 하다 컵이 깨진다거나 핸드폰을 떨어뜨린다거나 자신이 생각하던 불길한 예감이 우연히 맞으면 이런 전조현상을 더욱더 맹신하게 되고, 본인 스스로도 잘 들어맞았다고 신기가 있다며 놀라워한다.

　그런데 이런 전조현상을 절대 무시하거나 가볍게 보면 안 된다.

작은 실수나 이상한 징후를 무시하다 엄청난 시련을 겪기도 한다. 이상한 징후가 생기면 미리미리 예방해야 한다. 특히 몸에서 반응을 보이는 걸 무시하다 큰 병을 키울 수도 있다.

미국의 한 보험회사 직원이었던 허버트 하인리히는 7,500건의 산업재해를 분석한 결과, 대형사고가 발생하기 전에 그와 관련된 수많은 경미한 사고와 징후들이 반드시 존재한다는 놀라운 법칙을 발견했다. 이를 '하인리히 법칙'이라 하는데 '1:29:300 법칙'이라고도 부른다. 간단히 설명하면 산업재해가 발생해 중상자 1명이 나오면 그전에 같은 원인으로 발생한 경상자가 29명, 부상을 당할 뻔한 잠재적 부상자가 300명 있다는 내용이다. 다시 말해 큰 재해와 작은 재해, 사소한 재해의 발생 비율이 1:29:300이라는 것이다.

운전에도 이 법칙이 적용된다. 반복적인 운전 실수를 가볍게 보고 이 정도쯤이야 하다가 큰 사고를 낸다. 작은 실수가 모여 더 큰 실수를 가져오기 때문이다.

사소한 실수라 할지라도 그대로 방치하면 회사에 치명적이고 위험한 요소로 작용하여 기업 전체를 붕괴시킬 수 있다. 망한 회사들의 경우, 직원들이 대충 일하거나 마음이 떠나 영혼 없이 일하고, 눈에 보일 정도로 매출이 떨어지고, 거래처들이 등을 돌리거나 소비자들이 외면하는 등 여러 가지 전조현상이 나타난다.

큰 사고는 작고 사소한 것에서 시작된다는 것을 명심해야 한다.

리더는 사소한 시그널을 빨리 감지해야 한다. 직원들이 결근을 자주 하거나 회사 일을 등한시하거나 불평불만이 많아지면 예의 주시해야 한다.

작은 경고음을 미리 알아차려 대책을 세울 수 있는 기업은 전체의 20퍼센트에 불과하다고 한다. 또한 그걸 전달하는 과정에서 많은 부분이 은폐되거나 잘못 전달된다고 한다. 리스크 관리와 위기 관리가 안 되는 이유다. 미세한 위험 신호를 증폭시켜 해석하는 능력과 시스템을 기업에 도입해서 대형 참사가 생기지 않도록 조심해야 한다.

늘 신중하게 생각하고, 앞에서는 대범하게, 그리고 뒤에서는 예민하게 전조현상을 관찰하도록 하자.

한 번 믿으면
끝까지 믿자

　누구든 한번 인연을 맺으면 끝없는 신뢰와 믿음으로 같이 가야 한다. 그래야 성공한다. 한 번 의심하면 끝없이 싸우고, 그로 인해 의구심이란 색안경으로 세상을 바라보게 된다. 나 역시 신뢰가 안 생기는 사람의 말은 콩으로 메주를 쑨다 해도 안 믿는 성격이지만, 내가 믿는 사람은 어떤 실수나 잘못을 해도 이해하려고 애쓴다.
　친구든 거래처든 지인이든 누굴 믿는다는 게 말처럼 쉬운 건 아니다. 가족들 간에도 힘든 일인데, 하물며 처음 만난 사람끼리 서로 믿고 일한다는 건 정말로 어렵다.
　자식에게도 늘 칭찬만 할 수는 없듯이, 동료끼리도 마냥 웃으면서 일할 순 없는 일이다. 게다가 직원들에게 보상만 해줄 수도 없다. 그렇다고 허구한 날 술 한잔에 믿음이 어떻고 의리가 어쩌고 하면서 관계 유지를 하려고 해서도 안 된다.
　신뢰 관계를 유지하려면 서로가 서로에게 '늘 한결같은 마음으로' 같은 양의 노력을 기울여야 한다. 가장은 가장으로서의 본분과

책임을 다하고, 자식은 자식으로서의 도리와 역할을 다하고, 경영자와 직원도 각자의 역할에 걸맞은 책임을 다해야 한다.

리더는 직원에게 도덕적으로 인정받고 솔선수범하여 귀감이 되어야 하며, 직원은 동료 간의 희생정신과 주인정신으로 몸담고 있는 회사를 위해 최선을 다해야 한다.

신뢰와 믿음을 감정이나 인연, 성격에 의존해서는 안 된다. 주인정신을 가지고 맡은 바 업무를 최선을 다해 수행할 때 신뢰와 믿음이 오랫동안 유지된다. 그리고 때론 진정 어린 충고와 칭찬, 실수에 대한 따끔한 지적과 반성이 필요하다.

각자 직책에 맞는 역할과 책임을 다하고, 조직의 사명을 위해 노력하고, 서로 협력할 수 있는 시스템이 갖춰지면 신뢰와 믿음으로 기업은 더 크게 성장할 것이다.

창업보다
수성이 어렵다

　당 태종은 "창업(創業)은 쉽고 수성(守成)은 어렵다"는 말을 실천하며 23년간 태평성대를 이루어냈다. 태종이 통치하던 당시 연호가 '정관'이었는데, 그의 치세 기간 동안 국력이 강성하고 경제적으로 번영하여 이를 '정관의 치'라고 한다.
　천자가 되면 남에게 허리를 굽힐 필요도 없고 두려워할 일도 없다지만, 당 태종은 말 한마디 할 때마다 반드시 하늘의 뜻에 합당한가를 생각했으며, 신하의 의향을 잘 따르고 있는지 반성하면서 신중을 기했다고 한다.
　이처럼 중국의 역사상 가장 뛰어난 군주로 평가받는 당 태종도 교만과 안일에 빠지는 것을 경계하여 스스로를 낮추며 수성에 신중을 기했다. 기업을 이끄는 경영자 역시 작은 성공에 취해 교만에 빠지지 않도록 늘 경계해야 한다. 무너진 회사를 다시 살리는 것은 창업보다 더 힘들기 때문이다.
　그리고 직원들에게 말 한마디를 건넬 때에도 신중을 기해야 한다. 요즘 사람들의 뒷말과 댓글은 사회문제가 될 정도로 심각한 수준이다. 혹시 나도 그런 공기보다 가벼운 말과 언행을 하고 다니는 것은 아닌지 반성해볼 일이다.

또한 남의 말만 듣고 확인되지도 않은 사실로 상대방의 흉을 보는 사람을 조심해야 한다. 이런 사람은 곤경에 처하면 자기한테 유리한 쪽으로만 생각하고, 듣기 좋은 정보만 전달하거나 정보를 왜곡하기도 한다. 심지어 언제 그랬느냐며 오리발을 내민다. 이런 사람들이 기업에 있으면 조직 내부의 정보 단절을 가져오고, 경영자가 올바른 의사결정을 내리지 못하도록 방해한다.

부유해지면 성공하기까지의 어려웠던 지난 일을 망각하고 안일에 빠져 교만과 사치에 젖기 쉽다. 그 결과 힘겹게 이룩한 모든 것을 한순간에 잃을 수도 있다.

옛 성현들의 가르침에 자만심을 경계하는 내용이 특히 많은 것도 이 때문일 것이다. 뜻을 이룬 사람일수록 그것을 오래도록 지키려면 늘 초심을 잃지 말아야 한다.

어설픈 성공은
빨리 잊어라

　어떤 전문 분야에서 성과를 이뤄낸 기업가는 시작점과 끝점이 한결같은 장인과 흡사하다. 시작은 미흡하지만, 한 걸음 한 걸음 천천히 걸으면서 끝까지 해내 마침내 성공을 이루는 노력파다. 어느 누가 봐도 힘들어 보이는 분야에서 열정과 불굴의 정신력으로 시장을 개척하고, 수맥을 찾듯이 고객을 찾아 기업의 명맥을 이어간 장인정신을 가진 이들이다. 사실 '늘 한결같은 마음으로' 노력하기란 쉽지 않다.

　잘나가는 기업을 이어받은 가업 승계자 중에는 기업을 더 크게 성장시키는 기업가도 있지만, 한순간에 무너져 부도가 나고 망가지는 이들이 많다. 이들은 운이 없어 망했다고 말하지만, 진짜 이유는 기업가다운 '업의 정신'이 부족했기 때문이다.

　기업을 제대로 운영하려면 자금력도 중요하고, 제품의 차별성, 시장 환경 등 어느 한 가지도 소홀히 할 수 없지만 무엇보다도 업의 정신이 중요하다. 업의 정신은 위기를 기회로 만드는 강력한 정

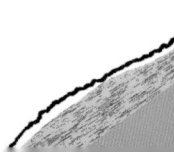

신력인데, 뿌리가 깊은 튼튼한 나무처럼 거센 비바람을 견디며 달콤한 열매를 만들어낸다.

이런 업의 정신으로 한결같이 일해야 사업을 지속적으로 유지할 수 있다. 그리고 뭐든지 다 챙기고 처리하는 멀티형이 되려고 해서는 안 된다. 현실적으로 혼자서 모든 걸 완벽하게 할 수는 없다. 자신이 제일 잘할 수 있는 한 가지에 집중해서 한 분야를 완벽

하게 성공시키는 게 중요하다. 마치 한쪽 발이 착지해서 안정되면 다른 발을 옮기는 것처럼 하나씩 하나씩 이루어나가자.

그런데 이때 작은 성공에 도취되어 더 큰 성공을 놓치는 우를 범하지 않도록 조심해야 한다. 어설픈 성공을 빨리 잊어버리고 미래를 준비해야 한다. 그렇지 않으면 진정으로 목표로 삼아야 하는 더 큰 성공을 이루지 못한다.

작은 성공은 큰 성공으로 나아가기 위한 디딤돌일 뿐이다. 초심을 잃지 않는 '늘 한결같은 마음으로' 노력하다 보면 자신도 모르는 사이에 목표에 도달해 있을 것이다.

에필로그

　10년 전 '세이펜'이란 신조어를 세상에 만들면서 시작된 '희망', 그 당시 세이펜은 성공 가능성이 매우 낮은 사업 아이템이었다. 책보다 제작비가 비싸고, 세이펜을 사용하려면 책에 일일이 코딩해야 하는 2차 비용이 발생하여 시장 진입 장벽이 높았기 때문이다.

　하지만 글자를 읽어주고 그림에서 소리가 나는 문자 인식 광학 기술의 편리성이 소비자들에게 좋은 반응을 보이면서 가격 진입 장벽은 서서히 허물어져갔다.

　물론 세이펜 사업은 결코 쉽거나 간단한 일은 아니었다. 쉽고 간단한 일이었다면 많은 유사 업체들이 지금까지 생존했을 것이고, 나 또한 그렇고 그런 업체 중 하나였을 것이다.

　하지만 세이펜에 대한 내 마음속 희망이 모든 어려움을 극복하게 했고, 불가능한 일을 가능케 했다. 도무지 앞날을 예측할 수도 없었던 암울한 상황을 견뎌내고 지금 이 자리까지 오게 한 나의 성장 에너지는 바로 '희망'과 '비전'이었다.

일반적으로 '희망'은 어떤 기대를 갖고 앞으로 잘될 수 있을 가능성을 말한다. 하지만 나는, 불가능을 가능하게 만드는 힘과 한 치 앞도 보이지 않는 것을 보이게 하는 노력, 그리고 위기를 기회로 만드는 근성이 진정한 희망이 아닐까 생각한다.

희망과 비전은 쉽게 보이지 않는다. 약속조차 없다. 이미 이루어지게 되어 있는 것들은 약속이지 희망이 아니다. 미래가 내다보이고 장래를 쉽게 예측할 수 있는 것은 비전이 아니다.

그래서 비전과 희망이 있다 하더라도 결과를 만드는 것은 쉽지 않다. 무슨 일을 하든 쉽지 않다는 것을 기본 전제로 삼아야 한다. 한 치 앞을 내다볼 수 없어 더욱 힘들다는 생각이 들면 성공 가능성이 더 높아질 것이라는 희망을 갖자. 하는 일이 불가능해 보인다면 결과의 값어치가 높아질 것이라고 생각하자.

진입 장벽이 낮은 쉬운 일에는 경쟁자도 많고 비전도 없다. 어려운 만큼 희망이요, 힘든 만큼 비전이다. 어렵다는 이유로 희망과 비전을 저버리거나 포기하지 마라. 불가능한 희망과 끝이 보이지 않는 비전을 잘 견딘 자는 다른 이에게 쉽게 뺏기지도 쉽게 사라지지도 않는 성공을 소유하게 될 것이다.

불가능한 희망과 가능성만으로 시작한 '세이펜'은 이제 나에게 예전보다 더 원대한 꿈을 꾸게 한다. 그리고 난 그 꿈을 실현하기 위해 지금보다 더 힘들고 험난한 길이 기다리고 있더라도 한 발자국씩 천천히 계속 나아갈 것이다.

매일 희망으로 산다

암울했던 어린 시절
그냥 부자가 되고 싶어 꿈을 꾸었다.

수학여행을 가기 위해
청바지 한 벌을 사기 위해
매일 백 원씩 2년을 모았다.

성취를 위해 노력했고
가난 속에서도 희망의 끈을 놓아본 적이 없다.
고난과 절망 속에서도 꿈을 놓지 않았고
어두운 터널 안에서도 한 줄기 빛을 보았다.

그건 희망이었다.

성공의 갈증과 배고픔 허기는
성공의 거름이 되었고,
낭떠러지 앞에 서서 죽을 각오로
한 발을 더 내딛는 그런 용기는
나에게 희망이 있기에 가능했다.

매운 고추만 먹어도 매워 죽겠다고
눈물 흘리는 허접스런 인간이지만
그 하찮은 눈물조차도 내 인생의 희망이다.

매일 밤 절망의 늪에 빠져
가위에 눌려 허우적거리며
고통받았던 청춘이
이젠 희망의 순간으로
어엿한 기업가로 성장하고 있는 것은
고통은 스승이 되어주고
절망은 인생 선배가 되어주었기에 가능했다.

엄마 품 같은 배고픔은 시련을 견디게 해주었고
하루를 백 년처럼 꿈꾸고
백 년의 꿈을 하루하루 희망의 꿈으로 만들어본다.

결핍 없는 성공은 오지 않고
시련 없는 성공도 오지 않고
보검의 칼날은 담금질되어야 만들어지지 않는가!

과거 나에게 행복보단
고통과 시련이 먼저 왔다.

현재 일이 있다는 사실만으로도 행복하고
미래는 희망이 있어 오늘을 견디고 또 견딘다.

좋은 사람들과 오늘까지
같이 일을 할 수 있다는 사실만으로도
정말 행복한 삶이다.
나와 그들은 우리의 미래를 만들기 위해 노력했고
희망찬 내일을 위해 오늘도 노력한다.

다가오는 미래의 꿈은
우리 모두의 일생을 건 꿈이라
함께 웃고
함께 울고
함께 가시밭길을 걸어도
견딜 수 있다.

자~ 이제 우리의 인생을
희망가로 가득찬 행복한 삶을 만들어보자.

CEO를 위한 경영철학 도서

손정의 참모

리더는 어떤 정신으로 기업을 이끌어야 하는가!

'풋내기 벤처 소프트뱅크'를 졸업하고 영업이익 1조 엔을 달성하며 '어른스러운 소프트뱅크'가 되기까지, 8년이 넘는 3,000일 동안 손정의 회장을 보좌했던 기록을 담았다. 현재의 소프트뱅크가 있기까지 손정의의 기업가정신과 리더십을 깊이 있게 다루어 '300년 존속 기업'으로 키우겠다는 손 회장의 야망과 결단력을 살펴볼 수 있다. 손정의 회장의 최측근인 비서실장이 옆에서 직접 경험하고 소통하고 실현했던 모습을 담았기에 더욱더 손정의 회장의 진면모를 느낄 수 있다. 리더를 꿈꾸는 독자들에게 손정의 회장의 메시지를 전하여 조직의 미래를 내다보고 강한 결의로 사람을 이끄는 글로벌 리더가 되기를 기원한다.

시마 사토시 지음 | 정문주 옮김 | 468쪽 | 신국판 | 값 20,000원

결핍이 만든 성공

결핍을 극복한 세이펜 김철회 대표의 기업가정신

인생의 반전 드라마는 남보다 특별한 능력을 가지고 있는 사람이 만들어내는 게 아니다. 희망보단 절망과 좌절로 가득 찬 삶을 살았던 세이펜 김철회 대표는 부도가 나서 감옥까지 가게 되는 엄청난 실패 속에서도 남들보다 훨씬 더 많이 노력해야 한다는 절실한 마음가짐으로 주어진 역경을 극복했다. 세이펜을 개발해 커다란 성공을 이룬 후에는 자기 자신뿐만 아니라 주변 사람들과 성공을 나누고 기부하는 '나눔'을 실천하고 있다. 오늘보다는 내일 더 멋지게 성장하는 사람, 돈 많이 번 사람보다는 멋진 인생을 즐기는 사람, 교육 분야에서 왕성한 사업가로서 생명이 다하는 날까지 끊임없이 움직이며 활동하고 싶은 게 그의 꿈이다.

김철회 지음 | 292쪽 | 신국판 | 값 18,000원

화웨이의 위대한 늑대문화

화웨이의 놀라운 성공신화! 그 중심에 늑대문화가 있다!

지난 20여 년간 화웨이가 성공할 수 있었던 비결은 도대체 무엇일까? 어떻게 해서 계속 성공을 복제할 수 있었을까? 화웨이의 다음 행보는 무엇일까? 화웨이의 68세 상업사상가, 마흔을 넘긴 기업 전략가 10여 명, 2040세대 중심의 중간 관리자, 10여만 명에 달하는 2030세대 고급 엘리트와 지식인이 주축이 된 지식형 대군이 전 세계를 누빈다. 전통적인 기업 관리 이론과 경험은 대부분 비지식형 노동자 관리에서 비롯했다. 이제 인터넷 문화 확산이라는 심각한 도전 앞에서 지식형 노동자의 관리 이론과 방법이 필요하다. 이를 꿰뚫은 런정페이의 기업 관리 철학은 당대 관리학의 발전에 크게 이바지했다.

텐타오, 우춘보 지음 | 이지은 옮김 | 452쪽 | 4×6배판 | 값 20,000원

조선부자 16인의 이야기

역사로 통찰하는 조선시대 부자 비결!

부(富)를 축적하고 증식하기 위해서는 뚜렷한 목표가 있어야 한다. 돈을 버는 부자는 결코 결심이나 뜻으로 되는 것이 아니라 실행과 노력으로 이루어진다. 또한 부(富)는 이루기도 어렵지만 지키기는 더 어렵다. 부(富)가 완성되려면 축적, 증식, 분배의 세 요소가 어우러져 있어야 한다. 이 책에는 뜻을 세우고 실천하는 조선의 부자, 즉 자수성가한 부자들의 삶과 철학을 담았다. 이렇게 소개된 조선시대 부자 16인의 이야기를 바탕으로 옛 선인들의 철학과 삶의 지혜를 본받아 현시대의 부의 철학을 다시 바로잡고, 역사 속 실존 인물들의 이야기를 통해 자신의 삶에 접목한다면 한국판 노블리스 오블리제를 실천할 수 있을 것이다.

이수광 지음 | 400쪽 | 신국판 | 값 18,000원

돈 버는 사장 못 버는 사장

돈 버는 사장에겐 공통점이 있다!

돈을 못 버는 이유를 불경기 탓으로 돌리지 않았는가? 이윤추구보다는 더불어 사는 사회를 만들기 위해 조금만 벌고 있다고 둘러대진 않았는가? 기업의 목적은 이윤창출이다. 사장은 본인의 회사와 사원들을 위해 돈을 많이 벌 수 있는 시스템을 만들어야 한다. 이 책은 돈 버는 사장이 될 수 있는 습관을 총 6장으로 분류하고, 돈 버는 사장과 못 버는 사장의 특징을 담은 50개의 키워드로 정리하였다. 현재 자신의 실수나 오류를 스스로 점검하고 돈 버는 사장으로 변화할 수 있는 방법을 일러스트를 포함한 구성으로 보다 쉽게 이해할 수 있도록 명쾌하게 제시한다.

우에노 미쓰오 지음 | 정지영 옮김 | 김광열 감수 | 260쪽 | 신국판 | 값 17,000원

부의 얼굴, 신용

역사에서 통찰하는 선인들의 성공 비결, 신용 처세술!

무형의 재산으로 유형의 재산을 넘나드는 파급력을 지닌 '신용'. 대대손손 부를 부르는 사람들에게는 남과 다른 신용이 있었다. 역사소설의 대가 이수광 작가가 오랫동안 축적해온 방대한 역사적 지식에 신용을 접목한 이 책은 눈앞의 이익에 눈이 멀어 속임수를 쓰지 말라는 메시지와 함께 책임 있는 언행이 인격의 뿌리가 되어야 한다고 강조하고 있다. 현대를 사는 독자들이 구한말 조선 최고의 부자이자 무역왕으로 군림했던 '최봉준', 한나라의 전주 '무염' 등 역사 속 실존인물들이 신용을 발판으로 성공한 이야기를 가슴에 담고 신용을 생활화함으로써 '인복人福'과 '부富'를 부르는 귀인貴人이 되기를 기원한다.

이수광 지음 | 352쪽 | 신국판 | 값 16,500원

대한민국 기업/병의원을 위한 컨설팅 도서

정인택의 법인 컨설팅십

자신에게 투자하고, 자신이 만나는 고객에게 투자해야 한다!

ING생명 정인택 명예상무는 법인컨설팅 현장에서 ING생명 5년 연속 FC 챔피언을 수상하도록 해준 남다른 컨설팅 전략을 직접 수많은 기업인에게 전파했으며 현장에서 경험한 다양한 사례를 토대로 100년 이상 장수기업으로 기업을 승계하기 위한 솔루션을 제공하기 위해 노력해 왔다. 이 책은 영업현장에서 기업 전문 FC가 되고자 하는 수많은 보험업계 동료 FC들에게 고객관리와 인맥관리를 통해 어떻게 높은 성과를 창출해 내는 지를 저자의 생생한 경험담을 통해 담아내고 있다. 대한민국의 모든 파이낸셜 컨설턴트가 단순한 보험상품 판매가 아닌 진정한 CEO 컨설팅을 통해 중소·중견기업의 동반자가 되어주기를 기대한다.

정인택 지음 | 296쪽 | 신국판 | 값 17,500원

대한민국 CEO를 위한 법인 컨설팅 1, 2

CEO가 꼭 알아야 할 법인 컨설팅의 모든 것!

10년 가까이 현장에서 배우고 쌓은 저자의 노하우를 더 많은 고객들과 공유함으로써 그들의 고민을 해결하기 위해 출간되었다. 2권으로 나누어진 이 책의 1권에는 기본 이론과 내용들이, 그리고 2권에는 구체적인 실행전략과 아이디어들이 담겨 있다. 증여, 지분 이전, 부동산 및 금융자산의 운용, 명의신탁, 가업승계, 인사노무관리 등 풍부한 현장 경험 사례를 통해 구체적인 전략을 제시함으로써 이제는 CEO들이 제대로 평가받고, 제대로 된 기업으로 성장시켜 지속기업으로 발전할 수 있도록 지원하고자 한다. 기업이 성장함에 따라 겪게 될 문제들을 미리 알고 철저히 대비한다면 세금 폭탄 같은 날벼락은 피해 갈 수 있을 것이다.

김종완 지음 | 1권 288쪽·2권 376쪽 | 신국판 | 각 권 20,000원

대한민국 기업/병의원을 위한 컨설팅 도서

대한민국 창업자를 위한
외식업 컨설팅

글로벌다이닝그룹 이준혁 대표의 외식 창업의 모든 것!

삼성, 현대 등 대기업 외식사업팀을 이끌었고, 300여 점포 이상을 경영, 기획하며 30여 년간 오직 외식업 한길만 걸어온 저자는 외식업에 뛰어들어 좌절하는 창업자들의 고통에 함께 공감하고 조금이나마 구제하고 싶은 심정으로 《대한민국 창업자를 위한 외식업 컨설팅》을 집필하였다. 이 책은 창업 준비부터 업종, 입지 선정, 인테리어, 마케팅, 종업원 관리, 상품 관리까지 창업 노하우와 반드시 알아야 할 정보를 구체적으로 다루고 있다. 또한 저자가 직접 컨설팅했던 업체의 실전 사례들과 문제점과 해결방안도 제시하였다. 한방에 성공하려는 대박식당을 창출하기보다 폐업의 리스크를 줄이는 데 초점을 맞추었다.

이준혁 지음 | 268쪽 | 신국판 | 값 18,000원

기업가치를 높이는
재무관리

기업의 가치와 신용평가는 재무관리에서 비롯된다!

정보화 사회로 변화해가면서 신용사회라고 할 만큼 신용평가에 관한 관심이 점차 커지고 있다. 국가 신용등급의 등락이 그 나라의 채권가격뿐만 아니라 경제에도 많은 영향을 미치고, 기업에 대한 신용평가는 기업의 여신 규모와 금리에 영향을 주기 때문이다. 이 책은 산업현장에서 CEO와 자금담당 임원, 직원들이 경영활동을 하면서 겪게 되는 재무관리와 관련된 애로사항이나 궁금한 점을 다양한 사례를 바탕으로 쉽게 풀어놓았다. 또한 기업경영에 실질적으로 접목할 수 있도록 기업의 가치를 극대화하고 안정적인 성장기반을 갖춘 강한 기업으로 거듭날 수 있도록 스토리를 전개하였다.

이진욱 지음 | 416쪽 | 4×6배판 | 값 25,000원

병의원 만점세무

병의원의 성공은 세무 회계에 달려 있다!

병의원을 운영하는 대부분의 경영자들은 다른 부분은 비교적 철저하게 관리하면서도 의외로 세금 문제에 부딪히게 되면 어려움을 겪는다. 이 책은 병의원 경영자들의 세무 관련 고민을 조금이라도 덜어주고자 병의원 컨설팅 전문 세무법인인 택스홈앤아웃의 전문적인 컨설팅 노하우를 담고 있다. 개원 준비부터 세무 조사, 세테크에 이르기까지 병의원 운영에 필요한 전반의 세무 문제를 다루고 있으며, 각 챕터마다 합리적인 세무 관리를 위해서 경영자는 어떻게 대처해야 하는지를 병의원의 사례를 들어 자세히 설명하고 있다. 또한 해당 사례를 일러스트로 표현하여 좀 더 쉽게 이해할 수 있도록 했다.

세무법인 택스홈앤아웃 지음 | 404쪽 | 신국판 | 값 20,000원

상속·증여 만점세무

소중한 자산의 대물림, 합법적으로 절세하고 현명하게 대비하자!

상속세와 증여세는 어느 정도 재산이 있는 사람이라면 누구나 해당되는 세금으로서 우리 생활과 밀접하게 관련되어 있다. 그리고 수익이나 소득이 아닌 재산 가치를 기준으로 세금을 부과하기 때문에 세금에 대한 부담감이 높아서 납세자뿐만 아니라 예비납세자의 관심과 문의가 많은 세금이다. 이 책은 평상시에 세금과 별로 관계없이 지내는 보통 사람들도 한번쯤은 겪게 되는 사례들을 모았다. 또한 상속·증여와 관련된 세금에 의문이 있거나 세금 문제에 대비하고자 하는 예비납세자에게 유용한 길잡이로 활용되고, 나아가 상속세와 증여세에 대한 인식을 새롭게 하고 정확하고 합리적으로 납세하는 데 도움이 되고자 집필되었다.

세무법인 택스홈앤아웃 지음 | 420쪽 | 신국판 | 값 22,000원

대한민국 국민을 위한 인생 컨설팅 도서

킬링 리더 vs 힐링 리더

당신은 킬링 리더인가 힐링 리더인가?

저자는 기업에서 리더십과 관련해 많은 강의를 하면서 다양한 리더들과 만났다. 그런데 과거의 패러다임에 얽매여 조직을 위험에 빠뜨리면서도 정작 자신은 그 심각성을 인지하지 못하고 있는 킬링 리더들을 많이 보았다. 이 책에는 리더를 크게 '킬링 리더'와 '힐링 리더'의 두 가지로 구분하고 스스로 힐링을 경험하여 리더에 이르는 '셀프 힐링', 최강의 팀으로 거듭나기 위한 '팀 힐링', 위대한 기업을 구현하게 만드는 '컬처 힐링' 등을 소개하고 있다. 또한, 다양한 사례를 통해 조직과 공동체의 발전을 위해 헌신하고 있는 리더들에게 현장에서 쉽게 이해하고 바로 적용할 수 있도록 방법을 제시하고 있다.

송수용 지음 | 284쪽 | 신국판 | 값 17,000원

백인천의 노력자애

한국 프로야구의 전설, 백인천의 리더십

한국 프로야구 불멸의 타율 4할, 백인천의 인생철학과 그가 새겨놓은 프로야구의 역사를 책 한 권에 담았다. 반평생을 오직 야구 인생으로 살아온 백인천의 발자취를 돌아보면서 야구와 건강 두 마리 토끼를 쟁취하기 위해 혹독한 훈련을 견뎌 불멸의 4할 타자, 백인천의 이름이 프로야구의 전설로 남아있게 된 것이다. 이 책은 총 10장으로 구성되었으며 백인천 감독이 야구와 같은 인생을 살았듯 이 책의 콘셉트 역시 야구 경기처럼 1회 초부터 9회 말과 연장전 그리고 하이라이트 순으로 이어진다. 야구 프로에서 건강 프로가 되기까지 백인천 감독의 인생을 통해 독자 여러분도 인생의 진정한 프로로 거듭나기를 희망한다.

백인천 지음 | 388쪽 | 신국판 | 값 20,000원

논어로 리드하라

여성 리더로 성공을 꿈꾼다면 지금 당장 《논어》를 펼쳐라!

현대는 강하고 수직적인 남성적 리더십보다 감성적이고 관계지향적인 여성적 리더십을 요구하는 사회로 변화하고 있다. 이러한 변화를 입증기라도 하듯 한국에서는 사상 최초로 여성 대통령이 탄생했다. 국제적으로는 미국 국무부장관 힐러리 클린턴, 세계적으로 영향력 있는 여성 방송인 오프라 윈프리, 독일의 메르켈 총리 등 수많은 여성 리더들이 있다. 따뜻한 리더십으로 무장한 여성 지도자들의 공통점은 인생에서 중요한 가치를 깨닫고 더 나은 자신이 되기 위해 철학책과 고전을 많이 읽으면서 내면을 수양했다는 것이다. 쉽게 풀어 쓴 논어를 가까이하여 더 많은 여성이 우리나라뿐 아니라 세계를 리드하기 바란다.

저우광위 지음 | 송은진 옮김 | 344쪽 | 신국판 | 값 18,000원

어둠의 딸, 태양 앞에 서다

초라한 들러리였던 삶을 행복한 주인공의 삶으로!

세계적인 베스트셀러 《시크릿》의 주인공 밥 프록터의 유일한 한국인 제자인 조성희의 첫 번째 에세이집. 스스로 어둠의 딸이었다고 할 정도로 어려운 환경에서 마인드 교육을 통해 변화한 저자의 진솔한 이야기가 담겨 있다. '어둠'을 '얻음'으로 역전시키는 그녀만의 마인드 파워는 고뇌에 찬 결단과 과감한 도전정신으로 만들어낸 선물이다. 누구나 생각하는 대로 인생을 멋지게 살 수 있다. 어떻게 목표를 세우고, 어떤 생각을 하고, 무슨 꿈을 꾸느냐에 따라 인생은 달라진다. 꿈이 없어 짙은 어둠의 터널 속에서 절망을 먹고사는 사람들뿐만 아니라 심장이 뛰는 새로운 돌파구를 찾으려는 모든 사람에게 중독될 수밖에 없는 필독서다.

조성희 지음 | 404쪽 | 신국판 | 값 18,900원

대한민국 국민을 위한 인생 컨설팅 도서

나만 나처럼 살 수 있다

이제 나는 말한다, '나만 나처럼 살 수 있다'고

이제 나는 말한다, '나만 나처럼 살 수 있다'고 누구나 살면서 두 번, 세 번, 아니 수도 없이 쓰러진다. 이때 가장 필요한 것은 다시 일어설 수 있는 힘이 다. 그런데 안타까운 것은 많은 사람들이 이 힘을 보지 못한다는 점이다. 털어버릴 힘, 자신감, 자존감, 긍정적 가치관, 공동체를 지향하는 신념, 자아 정체성, 나를 조절할 수 있는 힘, 타인과의 소통이 세상을 살아가는 힘이다. 세상의 기준으로 보면 내세울 것 없는 사람이라도 '내 안의 행복'을 찾으면 비로소 나는 나 답게 살 수 있다. 이 한 권의 책이 누군가에게 꼭 필요한 지침서가 되고, 영혼까지 깊이 웃게 해주는 삶의 돌파구가 되기를 희망한다.

이요셉·김채송화 지음 | 372쪽 | 신국판 | 값 18,000원

황태옥의 행복 콘서트 웃어라!

웃음 컨설턴트 황태옥의 행복 메시지, 세상을 향해 웃어라!

웃음 전도사로 유명한 저자가 지난 10년간 웃음으로 어떻게 인생을 다시 살게 되었는지 진솔하게 풀어낸 책이다. 암을 극복하고 웃음과 긍정 에너지로 달라진 그녀의 삶을 보면서 함께 변화를 추구한 주변 사람들의 사례는 물론 10년간의 삶의 흔적이 고스란히 담겨 있다. 독자들이 이 책을 읽고 삶을 업그레이드해 생활 속에서 행복 콘서트의 주인공이 될 수 있는 힘을 얻기를 희망한다. 또한 웃음을 통해 저자를 능가하는 변화된 삶을 살기를 바란다. "한 번 웃으면 한 번 젊어지고 한 번 화내면 한 번 늙는다(一笑一少一怒一老)"는 말이 있듯이 행복지수를 높여 삶을 춤추게 하고 싶다면 바로 지금 세상을 향해 웃어라!

황태옥 지음 | 260쪽 | 신국판 | 값 17,500원

니들이 결혼을 알아?

결혼이라는 바다엔 수영을 배운 후 뛰어들어라!

결혼은 액션이다! 아무런 행동도 하지 않고 막연히 앉아서 행복하길 기다리는 사람들의 결혼은 그 자체로 불행한 일이다. 이 책은 이병준 심리상담학 박사와 그의 아내이자 참행복교육원에서 활동하고 있는 공동 저자 박희진 실장이 상담현장에서 접한 생생한 사례를 토대로 하고 있다. 기혼자들과 결혼 판타지에 빠진 청춘에게 '꼭 해주고 싶은 말'을 읽기 쉬운 스토리 형식으로 담았다. 대부분 경고 수준의 문구지만 결혼식 준비는 철저하게 하면서 결혼준비는 소홀히 하는 이들에게 결혼의 중요성을 일깨워준다. 늘 머리에 '살아? 말아?'를 넣어 두고 살아가는 이들에게 '까짓 살아보지 뭐!' 라며 툴툴 털고 일어서게 하는 힘을 줄 것이다.

이병준·박희진 지음 | 380쪽 | 신국판 | 값 18,000원

미래 인사이트 도서

거대한 기회

창조 지능 리더십을 선사할 '거대한 기회'를 잡아라!

세상이 짧은 시간에 급격하게 변하고 있다. 난공불락의 요새도 없고 절대적 강자도 없다. 이러한 시대에 살아남으려면 유연하게 변화하고 창조해야 한다. 현대의 리더는 변화의 큰 흐름을 읽고 거기서 기회를 포착해야 한다. 불꽃이 아니라 불길을 보아야 하고, 물결이 아니라 물살을 보아야 한다. 이 책은 리더들에게 시대의 흐름을 한눈에 보여주고자 불확실한 미래에 접근하는 방법을 다양하게 제시하고 있다. 남보다 더 넓게 보는 안목을 키우고 패러다임을 자기만의 방식으로 삶과 비즈니스에 접목함으로써 더욱 큰 사회공동체와 인류공동체를 위해 공헌하는 창조의 마스터가 되어보자.

김종춘 지음 | 316쪽 | 신국판 | 값 18,500원

미래 인사이트 도서

잡job아라
미래직업 100

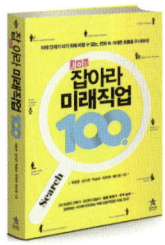

변화 속 거대한 미래직업의 흐름을 주시하라!

미래에는 로봇 혁명을 통해 전혀 새로운 일자리와 노동 시장이 만들어질 전망이다. 인간을 채용하는 대신 새로 개발된 기계를 활용하고 3D 프린팅, 무인차, 무인기, 사물인터넷, 빅데이터 등 시대의 패러다임을 바꿀 기술들이 노동 시장을 뒤흔들 것이다. 이 책은 이러한 문제점에 접근하기 위해 미래 노동 시장과 일자리를 끊임없이 추적한 성과물인 100가지의 미래 유망직업에 대해 서술하고 있다. 건강하고 안전한 미래, 편리하고 스마트한 미래, 상상이 현실이 되는 미래, 지속성이 보장되는 미래 이렇게 총 4챕터로 이루어져 있고 짧은 글들로 짜였지만 미래 노동 시장과 산업 전반에 대한 내용과 통찰력이 압축돼 있다.

곽동훈·김지현·박승호·박희애·배진영 지음 | 444쪽 | 신국판 | 값 25,000원

건강/의학 도서

굿바이, 스트레스

만성피로 전문클리닉 이동환 원장의 속 시원한 처방전!

대부분의 사람들은 흔히 스트레스라고 하면 부정적인 인식이 앞서 '나쁜 스트레스'만 떠올린다. 많은 현대들이 과도한 스트레스 때문에 힘들어하고 심한 경우 신체 질병까지 얻게 된다. 하지만 우리가 보편적으로 인식하고 있는 스트레스의 부정적인 이미지와는 달리 적절한 스트레스는 오히려 삶에 동기부여를 해줄 뿐 아니라 자극제가 되기도 한다. 저자는 스트레스를 무조건 줄이라고 하지 않는다. 오히려 스트레스를 적절히 관리해서 성과와 연결하는 방법을 소개한다. 계속되는 스트레스에 매몰되어 헤매는 것이 아니라 긍정적인 마음의 근육을 키워 스트레스를 통해 새로운 에너지를 얻음으로써 성과까지 창출하는 비법을 배워보자.

이동환 지음 | 260쪽 | 4×6배판 | 값 18,000원

잘못된 치아관리가
내 몸을 망친다

치과의사가 알려주는 치아 상식과 치과 치료의 오해와 진실!

치아는 잠자리에서 일어나는 아침부터 잠자리에 드는 저녁까지 모든 음식을 맛보는 즐거움을 우리에게 선사한다. 오복의 한 가지라 할만큼 치아건강은 인간의 행복에 큰 영향을 미친다. 이 책에서 치과의사인 저자는 일상생활에서 지켜야 할 치아 건강 관리법은 물론 상세한 치과 진료 과정, 치아 진료에서 궁금했던 점을 들려준다. 또한 잘못된 치아관리가 내 몸을 망칠 수 있으므로 제대로 알고 제대로 치료해야 건강한 치아를 간직할 수 있다고 강조한다. 이 책에는 치아전문 일러스트레이터들이 그린 생생한 일러스트를 실어 치료 과정을 쉽게 이해할 수 있도록 했다. 다양한 증상에 어떻게 대처해야 하는지 알려주는 유용한 책이다.

윤종일 지음 | 312쪽 | 4×6배판 | 값 20,000원

취미/기타 도서

매직스윙

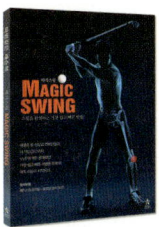

좀처럼 골프가 늘지 않는다면 매직스윙하라!

골프를 즐기는 사람은 많지만 정확한 스윙법을 구사하는 사람은 드물다. 프로든 아마추어든 골프를 시작한 나이, 체형, 성별 등에 따라 스윙법이 각각이지만 각 골퍼들의 스윙 문제는 비슷하기 마련이다. 이런 문제 해결을 위해 이병용 프로가 만든 '매직스윙'은 쉽고 간단하면서 효과도 빨라 수많은 유명 연예인, 기업체 CEO들을 반하게 했다. 이병용 프로는 보다 많은 사람들에게 매직스윙이 담긴 독자적인 레슨 이론을 소개하기 위해 책을 펴냈다. 좀처럼 골프 실력이 늘지 않아 고민 중인 분에게 이 책은 마치 직접 개인레슨을 받는 것과 같은 놀라운 경험을 선사할 것이다. 모두 골프의 매력에 빠질 준비를 해보자.

이병용 지음 | 208쪽 | 국배판 | 값 35,000원

취미/기타 도서

위대한 개츠비

20세기 영미문학 최고의 걸작!

1974년에 이어 2013년 또다시 영화화되어 화제를 불러일으켰던 《위대한 개츠비》는 미국인이 가장 좋아하는 대표적 소설이다. 작품 배경이 되는 시기는 제1차 세계대전 직후, 이른바 '재즈 시대'라고 불리는 1920년대다. 급격한 산업화와 전쟁의 승리로 풍요로워진 시대에 전쟁의 참화를 직간접적으로 경험한 젊은이들의 다양한 삶의 모습을 매우 섬세한 필치로 풀어낸 작품이다. 소설 속 주인공 개츠비는 젊은 시절의 순수한 사랑을 이루려고 자신을 내던진다. 아메리칸 드림을 이룬 그의 머릿속에는 부의 유혹에 넘어간 사랑하는 여인 데이지를 되찾으려는 생각밖에 없다. 그러나 현실은 그의 꿈을 용납하지 않는데….

F. 스콧 피츠제럴드 지음 | 표상우 옮김 | 4×6판 | 316쪽 | 값 12,000원

성과를 지배하는 힘 시리즈 도서

성과를 지배하는 바인더의 힘

남과 다른 성공을 꿈꾼다면 삶을 기록하라!

프로가 되려면 성과가 있어야 하고, 성과를 내려면 프로세스를 강화해야 한다. '시스템'과 '훈련'을 동시에 만족하게 해주는 탁월한 자기관리 시스템 다이어리 3P 바인더의 비밀을 전격 공개한다. 바인더는 훌륭한 개인 시스템이자 조직 시스템이다. 모든 조직원이 바인더를 사용한다면 정보와 노하우를 손쉽게 공유할 수 있다. 바인더와 책, 세미나를 통해 기적 같은 변화를 체험한 많은 사람의 실제 사례를 소개하여 바인더를 좀 더 활용하기 쉽게 만들었다. 저자는 20여 년간 5000여 권의 서브바인더를 만들면서 기록관리, 목표관리, 시간관리, 업무관리, 지식관리, 독서경영 등을 실천함으로써 성과를 지배해온 스페셜리스트다.

강규형 지음 | 신국판 | 342쪽 | 값 20,000원

성과를 지배하는 스토리 마케팅의 힘

마케팅의 성공 비결은 스토리와 공감이다!

세상이 하루가 다르게 변하고 있고 고객의 마음도 초단위로 바뀌고 있다. 누가 한 분야에서 성공했다 하면 모방하는 이들이 빠르게 나타나 순식간에 시장을 나눠가진다. 우리가 사는 21세기의 현실이 이렇다. 기술이 좋고 제품이 훌륭한데도 매출로 연결하지 못하는 기업들의 결정적인 맹점은 '스토리'가 부족하다는 것이다. 이제는 기술과 제품을 뽐내기만 할 것이 아니라 고객의 마음부터 들여다보아야 한다. 수시로 변하는 고객의 마음을 휘어잡는 열쇠, 마케팅. 그 근간에는 자신만의, 자사만의 스토리가 있어야 한다. 이 책이 전하는 스토리 마케팅을 활용한다면 두꺼운 충성고객층과 함께 꾸준한 성과를 창출할 수 있을 것이다.

조세현 지음 | 360쪽 | 신국판 | 값 20,000원

성과를 지배하는 유통 마케팅의 힘

한 권으로 배우는 대한민국 유통 마케팅의 모든 것!

상품이 만들어져 소비자에게 오기까지는 많은 사람의 수고가 필요하다. 그러나 중간에서 징검다리 역할을 해주는 유통업자가 없다면 이 사회는 제대로 돌아가지 못한다. 소비문화가 제대로 정착되려면 유통 시장을 전체적으로 확실하게 이해하는 사람이 있어야 한다. 이 책에는 저자가 20여 년간 유통업계 현장에서 발로 뛰며 얻은 소중한 경험을 담았다. 다방면에 걸친 유통 영업의 노하우, 유통 마케팅 비법뿐 아니라 유통시장의 전체적인 틀을 제시하였다. 공공기관 입찰에 필요한 나라장터 사용법은 물론 직접 거래해보지 않으면 알 수 없는 유통사별 상품 제안서 사용법까지 다양하게 소개하고 있다.

양승식 지음 | 344쪽 | 4×6배판 | 값 20,000원

스타리치 기업가 정신 시리즈 1

결핍이 만든 성공

김철회 지음

세이펜 김철회 대표의 기업가 정신

못 배운 덕분에… 무일푼 덕분에… 간절함으로 결핍을 성공으로 채우다!

성공을 위해 영혼을 건 사나이가 영혼을 건 기업가로
결핍을 극복하고 실패와 좌절을 이겨낸 세이펜 김철회의 기업가정신!

StarRich Advisor / StarRich Books 서울 강남구 강남대로62길 3 한진빌딩 3~8층 전화 02-2051-8477 팩스 02-578-8470 www.starrich.co.kr

청소년부터 성인까지 자기주도학습이 가능한 셀프스터디의 최강자

SES
Self-study English with SAYPEN

한 달 학원비로 평생 강의 소장!
한 달 학원 수강료로 평생 무한 반복, 인원 제한 없이
온 가족 함께 학습 가능!

어학 연수 프로그램, SES!
SES와 함께라면 누구나, 언제 어디서나 캠브리지 어학 연수 중!

문법, 회화, 발음, 프리토킹!
SES 하나로 문법부터 프리토킹까지, 영어 스트레스에서 탈출!

SES 강의 기획만 6년!
캠브리지 대학 출판사의 800년 전통에 6년간의
세이펜 강의 기획으로 탄생!

캠브리지가 인정한 강의! 발음! 해석까지! 대한민국 첫 출시 작품!

  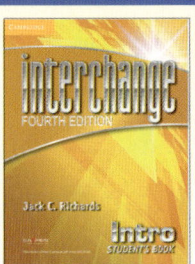 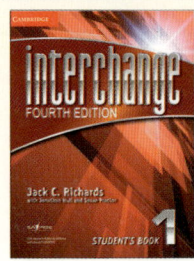 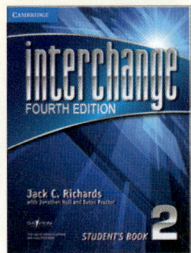

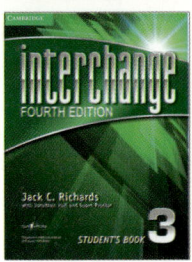   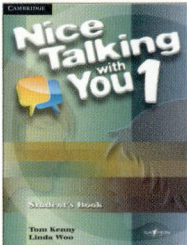 

SES에 대한 자세한 정보 및 구매는 스타리치몰(www.starrichmall.co.kr) 에서 도움을 받을 수 있습니다.

StarRich Books 서울시 강남구 강남대로62길 3 한진빌딩 3층~8층 전화 02-6969-8903 www.starrichmall.co.kr

기업과 병·의원의 성장과 연속성을 위한 컨설팅 전문 그룹

스타리치 어드바이져

- 전문가 자문 그룹 플랫폼 제공
- 전자신문 기업성장 지원센터 운영
- 직원 성과 극대화를 위한 교육 프로그램 운영
- 스타리치 어드바이져 Gift Book 서비스
- 조세일보 기업지원센터 운영
- 기업문화 창출을 위한 교육 프로그램 운영
- 스타리치 CEO 기업가정신 플랜
- 김영세의 기업가정신 콘서트 주최

StarRich Advisor / StarRich Books

100년 기업을 위한 CEO의 경영 철학 계승 전략
CEO 기업가 정신 플랜

– 자서전 · 전문서적 · 자기계발서 · 사사 등 –

 문의) 스타리치 어드바이져 & 북스 02) 6969-8903 / starrichbooks@starrich.co.kr

한국경제TV  StarRich Advisor

김영세의 기업가정신 콘서트

100년 기업으로 향하는 기업가정신!

창업주의 경영 노하우와 철학을 제대로 계승하고
기업의 DNA와 핵심가치를 유지하는 질적 성장의 힘!

〈김영세의 기업가정신 콘서트〉는 매월 찾아갑니다.

주관 | 한국경제TV **주최** | 스타리치 어드바이져
후원 | 조세일보 기업지원센터 · 전자신문 기업성장 지원센터

우편 요금 수취인 후납 부담 발송유효기간 2014.12.3 ~ 2016.12.3 서울 강남우체국 제14617호

135-937
(주) 스타리치 어드바이저/스타리치 북스 담당자 앞
서울시 강남구 강남대로62길 3 은성빌딩 5층

StarRich Advisor / StarRich Books

보내는 사람

접는 선

성공은 늘 실패와 함께 한다!

위기를 기회로 만드는 성공 메세지

열정적으로 도전하고,
위기를 기회로 만들어
리더로 성공하라!

김철회 지음 | 276쪽 | 신국판 | 값 16,000원

 StarRich Advisor / StarRich Books

스타리치 패밀리 회원이란?

하나의 아이디로 스타리치에서 운영하는 사이트(스타리치 어드바이져, 스타리치북스, 스타리치몰, 스타리치 잉글리시 등)와의 모든 거래 및 서비스 이용을 편리하고 안전하게 사용할 수 있는 스타리치 통합 회원제 서비스입니다.

스타리치 패밀리 회원 혜택

- 스타리치몰에서 사용 가능한 적립 포인트(도서 정가의 5%) 제공
- 스타리치북스에서 주최하는 북콘서트 사전 초대
- 스타리치북스 신간 도서 메일 서비스 제공
- 스타리치 어드바이져/북스에서 주최하는 포럼 및 세미나 정보 제공
- 스타리치 어드바이져에서 제공하는 재무 관련 정보 제공

스타리치 패밀리 회원 등록 기존 스타리치 패밀리 회원일 경우 등록된 ID를 기재 부탁드립니다.

이름	연락처
주소	생년월일
이메일 주소	구매 도서명 오늘이 기회다
패밀리 회원 ID	소속(회사/학교)

사용하실 패밀리 회원 ID를 적어주시면 임시 비밀번호를 문자로 발송해드립니다.

개인정보 사용 동의서

스타리치 패밀리 홈페이지는 수집한 개인정보를 다음의 목적을 위해 활용합니다. 이용자가 제공한 모든 정보는 하기 목적에 필요한 용도 이외로는 사용되지 않으며, 이용 목적이 변경될 시에는 사전동의를 구할 것입니다.

1) 회원관리
① 회원제 서비스 이용 및 제한적 본인 확인제에 따른 본인확인, 개인 식별
② 불량회원의 부정 이용방지와 비인가 사용방지
③ 가입의사 확인, 가입 및 가입횟수 제한
④ 분쟁 조정을 위한 기록보존, 불만처리 등 민원처리, 고지사항 전달

2) 신규 서비스 개발 및 마케팅·광고에의 활용
① 신규 서비스 개발 및 맞춤 서비스 제공
② 통계학적 특성에 따른 서비스 제공 및 광고 게재, 서비스의 유효성 확인
③ 이벤트 및 광고성 정보 제공 및 참여기회 제공
④ 접속빈도 파악 등에 대한 통계

상위 내용에 동의합니다.

년   월   일   서명   (인)

스타리치 패밀리 회원 비밀번호 변경은 www.starrichmall.co.kr에서 하실 수 있습니다.
엽서를 보내주시는 분들에 한하여 스타리치몰에서 사용 가능한 포인트(도서 정가의 5%)를 지급해 드립니다.
앞으로 더욱 다양한 혜택을 드리고자 노력하는 스타리치가 되겠습니다. **문의** 02-6969-8903 starrichbooks@starrich.co.kr